교사용

개별화 교육학습을 위한
몬테소리 교수-학습 지도안

지 리

(6~9세 · 9~12세)

권 명 자 편저

도서출판 몬테소리

인 사 말 씀

본 지리지도서는 우리나라 초등학교 자연과의 일부인 동물영역과 관련을 두고 몬테소리 교육내용과 방법을 토대로 한 교사용 지도서이다. 지도서의 제작배경은 우리나라 전역에서 체계적으로 몬테소리 교육방법을 이수하여 학교현장에 일반화하기란 많은 시간과 경제적인 어려움이 따를 것을 감지하여 학습현장에서 누구나 쉽게 접목하여 바람직한 개별화 교육에 활용할 수 있도록 하였다.

지도서의 제작배경은 우리나라 전역에서 체계적으로 몬테소리 교육방법을 이수하여 학교현장에 적용하고 일반화하는데 드는 시간과 경제적인 어려움을 감안하여 손쉽게 접목하고 바람직한 개별화 교육의 질적 성장을 기하기 위해서이다.

몬테소리 교육과정에서는 모든 교과 지도는 큰 부분에서 점차 작은 부분으로 접근하며 학습수준이나 진도는 아동개인의 능력별 지도로 이루어진다.

몬테소리 교육에서의 교과는 언어(모국어와 외국어 포함), 수학, 동물, 식물, 지리, 역사, 과학, 일상생활 등으로 우리나라와 비슷하다. 그러나 우리나라의 국어를 몬테소리교육에서는 언어로 칭한다. 그것은 민감기의 언어발달을 중시하여 국어를 언어(모국어, 외국어)라 하고 모국어와 외국어를 동시에 지도한다. 또 우리나라의 '사회'를 몬테소리 교육에서는 '지리', '역사' 로 분류하여 지도한다.

지도내용을 보면 분기별로 실행 가능한 몇 가지의 주제를 선택하여 통합학습이 이루어진다. 즉 6-9세의 지리영역의 내용은 1. 지도 2. 물리적 지리 3. 문화적 거리 4. 정치지리 5. 경제지리 6. 태양계 등이며 9~12세의 지리영역은 1. 지리학의 개요 2. 지리 3. 영역의 세분화 4. 상호의존 5. 연구활동 6. 대기의 순환 7. 공기 및 비바람의 순환 8. 여러 나라의 국기 9. 강의 침식 등 다양한 내용이 전개된다.

몬테소리교육의 장점은 여러 가지를 들 수가 있는데 몇 가지를 제시하면 다음과 같다.

첫째, 교육을 뒷받침할 수 있는 돈독한 철학적 배경과 교육과정 운영방법의 특이함을 발견할 수 있다. 즉 아동의 특성과 적성을 존중하며 아동의 신체적 욕구, 정서적 욕구, 사회적 욕구, 영적 욕구 등 여러 가지 욕구충족의 배려를 위해서는 **아동을 잘 알아야 한다(follow the child)**는 점이다.

둘째, 교육과정 구성은 3-6세, 6-9세, 9-12세로 묶여 있다. 6세, 9세가 중복되는 것은 아동 개인별 학습 발달속도에 따른 나선형의 관계를 가지고 있음을 말한다. 따라서 반복 학습에 대한 배려는 큰 장점이다. 이것은 학년단위의 호칭인 우리나라와는 다른 점이다.

셋째, 몬테소리교육에서는 **준비된 교사와 준비된 환경**을 강조하고 있다.

준비된 교사란 풍부한 지식의 소유, 창의성, 봉사성, 인류애를 지닌 풍부한 바른 인성을 갖춘 교사를 의미한다.

준비된 환경이라 함은 아동의 구체적 조작기에 제공되어야 할 학습일감(work)인 구체적인 교구(material)를 뜻한다. 따라서 교실은 교구화 되어있다. 교실의 교구는 필수 교구를 선정함이 바람직하다. 기본필수교구란 주제해결에 직결되는 기본교구를 말한다.

넷째, 지도방법을 볼 때 저학년은 선택에 의한 구체적 조작활동이 주로 이루어지며 고학년으로 갈수록 자기 주도적 학습으로 추상화 작업이나 응용 등의 심화연구의 학습활동(research)이 이루어진다.

그런데 여기서 몇 가지 유의할 점은 우리나라 교육과정과 몬테소리 교육과정의 일치점의 논란보다는 국가 교육목표 도달에 목표를 두고 교사협의를 통한 1년의 주제선정에 의한 통합교육과정의 운영에 연구가 필요하다. 또 한 가지는 아동이 공부하는 방법을 배우는 점이다 즉 자료를 찾는 방법이나 변형, 확대, 응용의 발전적인 학습진행의 방법이 이루어진다

본 자료의 제작기간은 수년간이 소요되었으나 워낙 방대한 양으로 인하여 미흡한 부분이 없지 않으므로 지속적인 연구로 수정과 보완을 첨가하여 활용하시기 바란다.

끝으로 본 지도서가 교육과정운영과 개별화 교육을 위한 교수학습지도에 조금이라도 도움이 되시기를 기원하며 이 책이 완성되기까지 많은 관심을 가지고 도와 주신 미국 XAVER대학 A.M.S 교수 팀과 초등몬테소리교육연구회(ASEME), 한국몬테소리협회(KIM)에 깊은 감사를 드린다.

지 은 이
http://www.montessori-k.co.kr

일 러 두 기

본 지리 지도서의 활용에 대한 이해를 돕기 위하여 몇 가지 일러두기를 제시한다.
몬테소리 교육에서는 3-6세, 6-9세, 9-12세의 혼합학급을 편성하여 지도하고 있다 각 교과별 주제를 중심으로 통합 운영된다. 몬테소리교육의 각 교과나 내용은 각 국가의 특별한 지향점 외에는 세계 어느 나라의 어린이에게나 공통적으로 지도해야 할 내용들임을 볼 때 몬테소리 교육과정은 세계 공통적인 교육과정이라고도 볼 수가 있다.
각 주제별 학습지도안의 내용은 1. 주제 2. 대상연령 3. 교구 4. 목적(직접목적과 간접목적) 5. 선행학습 6. 언어 7. 교구제시 8. 활동과정 9. 흥미 점 10. 실수 정정 11. 변형 확대 및 응용 12. 지도상의 유의점 13. 관찰 (평가) 등을 제시하였다. 한가지 유의할 점은 학습주제의 양에 따라 지도시간에 신축성을 두고 아동개인별 학습준비도, 학습속도 그리고 흥미에 따라 재구성도 바람직하다

1. 주제
학습주제는 학습활동의 내용을 쉽게 알아볼 수 있도록 간단한 용어로 제시하였다 학습 주제는 대게 국가 교육과정의 운영목적 달성을 위한 년 간 주제이며 교사들의 연구와 협의를 거쳐 선정한다 시행과정에서 오류가 예상될 경우에는 재조정이 이루어진다.

2. 대상
학습활동대상은 학습의 수준별 난이도와 아동발달 단계를 고려하여 6-9세, 9-12로 구분하며 아동의 개인차에 따라 개인별지도가 이루어진다. 여기서 6-9세는 초등 1, 2, 3학년, 9-12세는 초등 4, 5, 6학년 수준의 과정으로 제시하였다.

3. 교구
교구장(shelf)은 대게 유치원은 4단, 초등학교는 5단을 사용한다.
교구는 학습활동의 문제해결에 필수적인 교구들이다 본 교구 외에도 변형, 추가 또는 대치 성이 있거나 첨가의 필요성에 따라 제작, 또는 구입하여 활용함이 바람직하다.

4. 목적
몬테소리 지도안의 특징은 학습목표 제시에서 직접목적과 간접목적이 있다
직접목적은 주로 그 시간에 달성해야 할 목표를 의미하며 간접목적은 직접목적 외에 그 주제학습을 통하여 달성해야 할 포괄적이고 발전적인 미래 지향적인 목표를 의미한다.

5. 선행학습
선행학습은 본 시간의 문제해결을 위한 전시간의 학습결과로서 개인별로 수행된 종합적인 기초 수행학습능력이다. 선행학습의 수행능력이 부진할 경우에는 다음 학습수행에 어려움이 따르기 때문에 선행 학습은 매우 중요하다.

6. 언어

흔히 언어지도를 국어에 국한하기 쉬우나 몬테소리교육에서 모든 교과의 용어와 관련하여 지도한다. 몬테소리는 언어지도에서 '총체적 언어' 라는 용어를 쓴다. 몬테소리의 언어지도는 그 지도방법이 매우 다양하며 매우 흥미로운 방법으로 전개된다.

7. 교구제시
교구장은 대게 유치원은 4단 초등학교는 5단을 사용하며 교실을 교구화 한다. 교사는 교재 연구를 폭넓게 하되 정확한 정보를 확실히 준비하고 교사의 교구제시는 정확해야 한다. 본 고에서의 교구제시는 지면상 감지할 정도로 간략히 제시하였다

8. 활동과정
본 난에는 수업진행의 과정을 제시하였다. 활동과정에서 유의할 점은 아동 스스로의 학습과 교구선택의 기회를 존중하여 자기 주도적인 학습활동이 이루어지도록 배려해 주어야 한다. 이 때 교사:아동, 아동:아동, 아동:교구의 상호작용이 원활히 이루어지도록 한다.

9. 흥미 점
학습활동에서 아동들이 조작과정에서 매력적인 점. 교구의 신비함 색상에서 맛보는 기쁨, 다양한 교구의 모양, 느낌이나 흥미로운 점들을 선행연구에서 요약하여 제시하였다. 이 외에도 아동들은 학습전개나 활동에 따라서 여러 가지 다양한 흥미 점을 발견할 것이다.

10. 실수 정정
실수 정정은 자료활용이나 학습방법의 미숙함으로 발생되는 오류를 정정해 주기 위하여 오류의 상황, 정정할 시기, 방법들을 종합적으로 제시하였다. 실수 정정은 교사의 아동관찰에 따라 아동스스로 또는 교사의 도움으로 이루어진다.

11. 변형 확대 및 응용
아동의 학습활동이 제시된 활동으로만 끝나는 것은 아니고 더욱 발전적인 추가 심화활동을 제시하였다. 즉 아동의 능력에 따라 더욱 발전적인 변형, 확대, 응용, 정보, 수집 등 창의적인 활동으로 무엇인가를 연구하고 창출할 수 있도록 한다.

12. 지도상의 유의점
학습목표도달을 위하여 학습활동에서 발생되기 쉬운 시행착오를 줄이기 위하여 실험과정에서 나타났던 내용들을 제시하였다. 즉 학습 계획에서 평가까지 예상될 수 있는 여러 가지 문제점이나 보완사항을 제시하였다.

13. 관찰 (평가)
평가는 그 시간의 직접목적과 밀접한 관련을 두며 아동스스로 또는 교사의 관찰에 의한 다양한 평가방법을 적용한다. 교사는 종합점수에 의한 석차 순의 평가보다는 아동개개인의 학습전개과정이나 방법, 학습속도, 학습목표 성취능력 등 여러 각도의 다양한 수행능력을 관찰하고 평가한다. 교사는 아동개인의 성취능력을 격려하고 인정해 주는 평가가 중요하다.

차 례

6~9세 ··· 7~69

9~12세 ·· 73~125

개별화 교육을 위한
몬테소리 교수-학습 지도안

지 리
(6~9세)

도서출판 **몬테소리**

지리영역의 교구장의 설치(예)

<교구장 1>

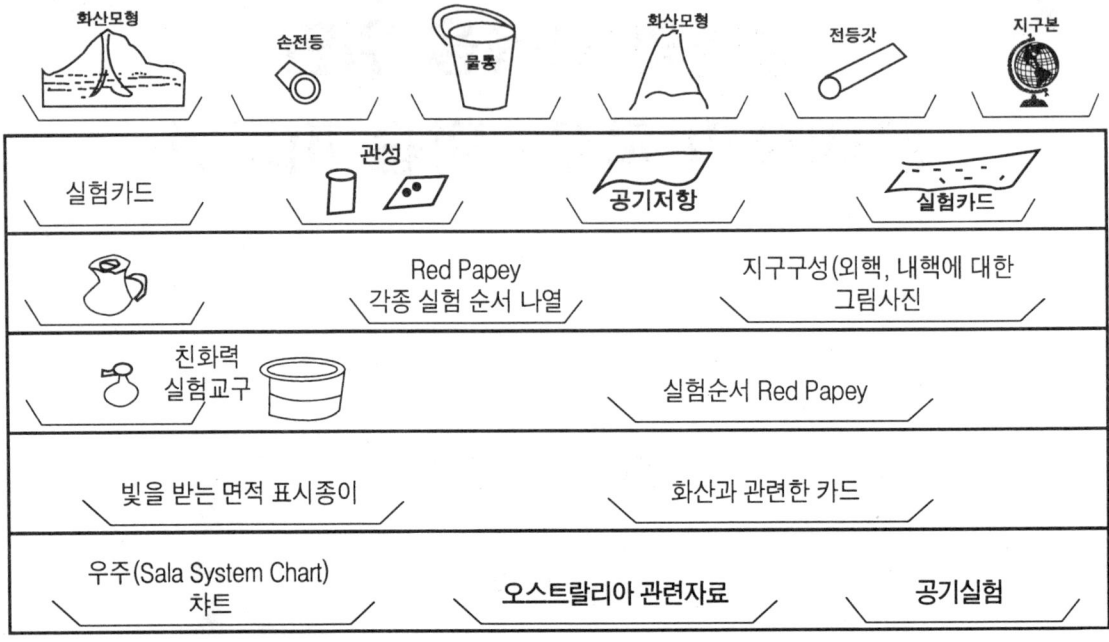

<교구장 2>

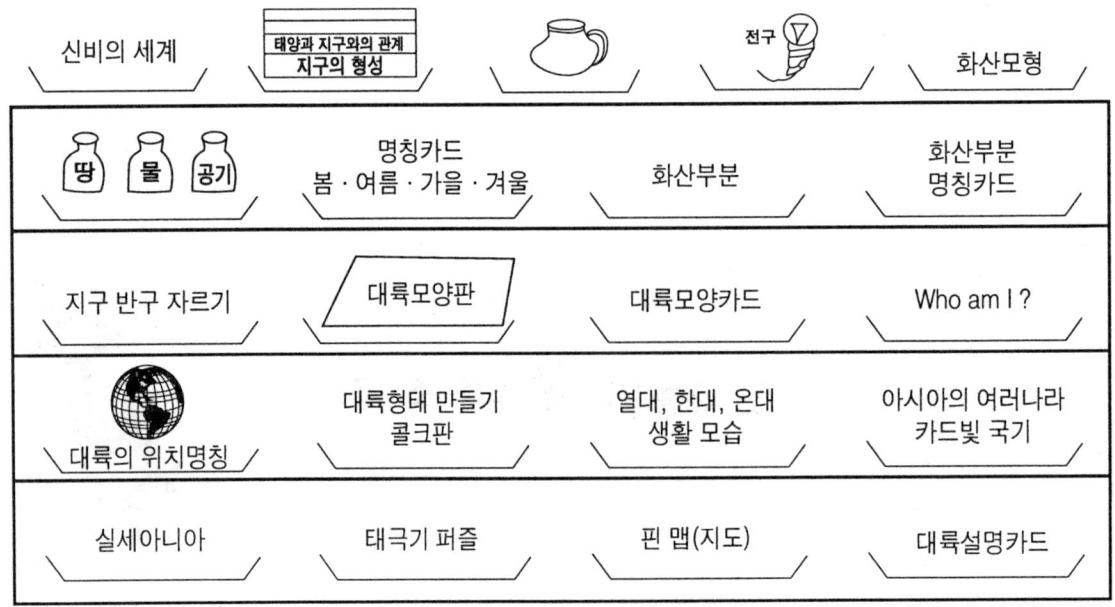

<교구장 3>

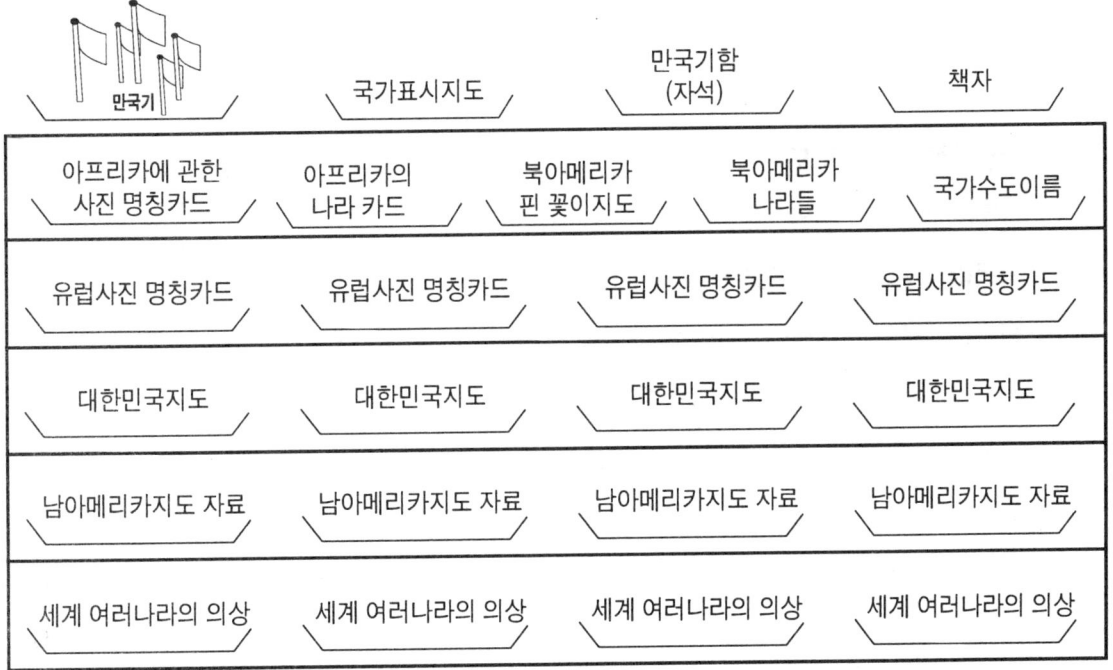

<교구장 4>

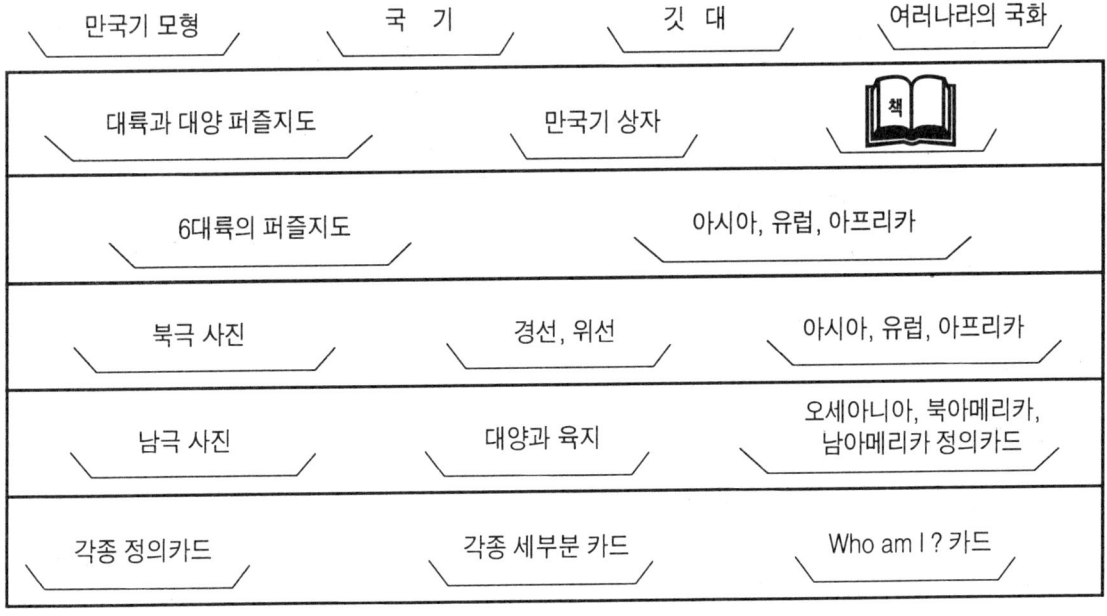

차 례

I. 정치적 지리(지도)
활동(1) 땅, 공기, 물 ··· 12
활동(2) 땅과 물이 구분된 모래 지구본 ································· 14
활동(3) 육대주 지구본 ··· 16
활동(4) 지도퍼즐 ··· 18
활동(5) 세계지도 ··· 20
활동(6) 지도퍼즐의 추가 활동 ··· 22
활동(7) 지도소개 ··· 24
활동(8) 도시와 농촌 만들기 ··· 26
활동(9) 지도 만드는 법 소개 ··· 28
활동(10) 나침반 소개 ·· 30
활동(11) 방향놀이 ··· 32
활동(12) 핀으로 지도 만들기 ··· 34

II. 물리적 지리(땅, 공기, 물)
활동(13) 땅과 물의 형태 ·· 36
활동(14) 여러 가지 땅 모양 ··· 38
활동(15) 기후와 환경 ·· 40

III. 문화적 지리(도시 및 시도)
활동(16) 문화적 지리에 관한 다양한 활동들 ······················· 42
활동(17) 우리가 살고 있는 도시 ·· 44
활동(18) 우리가 사는 도 ·· 46

활동(19) 한국의 14도 ·· 48

IV. 국기
활동(20) 국기 ·· 50

V. 기능적 지리(태양계)
활동(21) 우주놀이 ·· 52
활동(22) 지구와 태양 ·· 54
활동(23) 별의 생성(친화력) ·· 56
활동(24) 원심력과 구심력, 관성, 중력 ·· 58
활동(25) 지구의 생성과정 ·· 60
활동(26) 지각의 운동과 모습 ·· 62
활동(27) 태양 에너지와 지구 ·· 64
활동(28) 지구의 자전 ·· 66
활동(29) 지축의 기울기와 공전 ·· 68
활동(30) 지구의 기후대와 생활모습 ·· 70

I. 지 도
활동(1)

주 제	땅, 공기, 물	대상연령	6~9세
교 구	바닥 색이 푸른색, 갈색, 흰색의 투명한 뚜껑이 달린 입이 넓은 병 3개, 병 세 개를 담을 쟁반, 땅, 공기, 물에 관한 그림 자료들(갈색 대지 위에 땅에 관한 그림을, 푸른색 대지 위에 물에 관한 그림을, 흰 대지 위에 공기에 관한 그림)을 붙여 3부분을 한 파일에 끼워 넣는다. 땅, 물, 공기라고 제목을 붙인다.			

목 적	직 접	지구는 땅, 물 및 공기로 구성되어 있음을 안다.
	간 접	지리 개념 및 지도학습을 준비한다.

선행학습	공간에 관련된 초기 단계의 어휘
언 어	땅, 공기, 물, 푸른색, 갈색, 흰색, 병
교 구 제 시	

활동과정 (상호작용)	제시 1 : 〈 물, 땅, 공기를 3단계 교수법으로 제시하기 〉 • 교사 : "우리는 지구 위에 산다." 지구는 물, 땅, 공기의 세 가지로 만들어져 있다.라고 말한다. • 교구장으로부터 세 개의 병(입이 넓은 투명한 유리병)이 담긴 쟁반을 가져와 놓는다. • 바닥이 파란색 빛을 띠는 유리 병을 어린이에게 보여주고 물을 채워 본다. "이 유리병은 파란색을 띠는 구나. 이것은 물을 나타낸다. 너희 중 한 사람이 이 병을 가져가서 여기에 물을 조금 더 부어올 수 있겠니?" 어린이는 병에 물을 채워온다. • 갈색 바탕의 병을 어린이에게 보여주고 밖에 나가서 병 속에 흙을 넣어 온다. • 투명한 바탕의 병을 어린이에게 보여준다."이 병에는 공기가 들어 있다. 너희 중 한 사람이 이 병 안에 공기를 넣어 나에게 줄 수 있겠니?" • 교사는 뚜껑만 열어도 안쪽으로 공기가 들어간다는 것을 어린이에게 설명한다. 제시 2 : 〈 용기 앞에 그림카드 놓기 〉 • 땅, 공기, 물, 그림을 가져와서 땅, 물, 공기의 용기에 각각 놓아본다. • 땅, 물, 공기 등의 그림을 어린이에게 보여준다. 그림에 해당되는 특징을 이야기한다. • 섞어 놓은 그림 카드에서 땅, 물, 공기에 해당되는 그림을 가려내도록 한다. • 땅, 물, 공기의 명칭을 정리한다. 세 용기를 가지런히 놓은 후 세 그림들을 섞은 후 해당 용기 앞에 골라 놓아 보게 한다.
흥 미 점	눈에 보이지 않는 공기를 보는 것
실수정정	물, 땅, 공기를 넣어야 할 병에 다른 것을 넣게 되었을 때

변형 확대
및
응 용
	확대적용 : 물, 땅, 공기 실험
	• 물 속의 공기: 적당한 크기의 수족관에 깨끗한 물로 채운다. 유리컵을 거꾸로 놓아 본다. 물 속에서의 기포는 공기가 존재한다는 사실을 나타내는 실험한다.
	• 증발: 물은 특히 건조하고 더운 날 눈으로 거의 볼 수 없을 정도의 작은 물방울로 공기중으로 서서히 날아간다고 설명한다. 물이 어떻게 하늘로 증발하여 구름과 비로 형성되는지를 설명한다. 교실내에 물접시를 준비하여 며칠 동안 그대로 둔다. 마침내 그 물이 증발하여 없어지게 됨을 증명한다.
	• 땅: 땅의 여러 형태, 즉 진흙·모래·혼합토 등을 수집하여 관찰하도록 한다.
	• 땅, 물, 공기를 병하나에 넣어 흔들서 어떻게 되었나를 관찰하도록 한다.
	
	변형 :
	• 그림카드로 물, 공기, 땅을 위치적 기준으로 분류
	• 물·땅·공기에 의한 교통기관 분류
	  - 예: 물 - 보트, 잠수함, 여객선,
	        땅 - 기차, 버스, 오토바이 등
	        공기 - 기구 여객기, 헬리콥터
		지도상의 유의점

		땅, 공기, 물 등의 다양한 그림을 활용하여 지도하도록 한다.
		관 찰 (아 동 평 가)
		땅, 공기, 물이 담긴 각각의 병과 땅, 공기, 물의 명칭카드를 짝지을 수 있는가?

활동(2)

주 제	땅과 물이 구분된 모래 지구본		대상연령	6~9세
교 구	땅과 물이 구분된 모래 지구본			
목 적	직 접	두 가지 지구의 형태와 지구의 표면을 구성하고 있는 두 가지 기본요소인 물과 땅을 이해한다.		
	간 접	지구의 성분 구성을 대강 이해할 수 있다.		
선행학습	촉각판, 기하실체, 색판 등의 감각 활동, 물, 땅, 공기로 하는 학습 활동			
언 어	모래 지구본, 파란색, 갈색, 물			
교 구 제 시				

활동과정 (상호작용)	제시 1 : 〈 모래 지구본 소개하기 〉 • 우리교실에서 모래 지구본이 있는 곳을 알고 있니? • 한 어린이로 하여금 교구장에서 모래 지구본을 가져오도록 한다. • 어린이에게 "이것은 모래 지구본이다. 이것은 우리가 살고 있는 지구를 나타낸다."라고 말한다. • "실제 지구는 이 지구본보다 훨씬 더 크다"라고 설명한다. 제시 2 : 〈 3단계 교수법으로 물과 땅의 용어 제시하기 〉 • 물을 가리키면서 "이것은 물이다." 땅을 가리키면서 "이것은 땅이다." 라고 말한다. • 3단계 교수법으로 계속한다. "땅은 어디에 있지?", "이것은 무엇이지? 등 • 어린이에게 "우리가 살고 있는 곳은 어디지?"라고 묻는다. 어린이에게 한국을 보여주고 "이것이 우리가 사는 지역이고, 한국이라고 부른다."라고 말한다. • 어린이와 함께 지구의 땅과 물에 관해 계속 얘기를 나눈다.
흥 미 점	지구의 색깔, 구조 및 외관
실수정정	땅과 지구를 반대로 이해할 때

변형 확대 및 응　　용	• 눈을 가리고 어린이에게 지구본을 만져 보게 하고 표면의 느낌을 표현해 보도록 한다. (언어로, 동작으로, 노래로 표현) • 지구 밑쪽에 서있는 사람이나, 빌딩이 왜 아래로 떨어지지 않은가를 조사 기록한다.	지도상의 유의점
		땅과 바다의 크기가 다름을 알게 한다.
		관 찰 (아 동 평 가)
		땅과 물이 구분된 지구본에서 땅은 대륙, 물은 바다임을 알 수 있는가?

활동(3)

주 제	육대주 지구본	대상연령	6~9세
교 구	여러 대륙이 각기 다른 색으로 색칠된(북아메리카 – 오렌지색, 남아메리카 – 분홍색, 아프리카 – 녹색, 유럽 – 빨강, 아시아 – 노란색, 오세아니아 – 갈색, 남극 – 흰색) 색상 지구본, 파란물		
목 적	직접	대륙의 명칭과 위치, 대양과 바다의 이름을 알고 최초의 땅 형태에 대하여 관심을 가진다.	
	간접	다양한 세계 지도퍼즐 작업으로 5대양 6대주를 인지한다.	
선행학습	땅과 물이 그려진 지구본 학습 활동, 1차색과 2차색, 색판 상자, 육대주 지구본		
언 어	교구에서 인용한 언어		
교 구 제 시			

활동과정 (상호작용)	제시 1 : 〈 모래지구본과 육대주지구본 소개하기 〉 • 땅과 물이 구분된 지구본과 육대주를 교구 선반에서 가져온다. • 2개의 지구본은 지구를 나타낸다고 설명하고 "육대주 지구의 땅은 여러 색깔로 칠해져 있다. 이 땅들을 대륙이라 부른다. 라고 말한다. 제시 2 : 〈 육대주 지구본의 대륙을 3단계 교수법으로 제시하기 〉 • 육대주 지구본에 아시아를 가리키며, "이곳은 우리가 사는 곳이다. 아시아는 노란색으로 칠해져 있다."라고 말한다. (덧그려 본다) • 3단계 교수법을 이용하여 대륙에 대해 계속해서 어린이에게 이야기해 준다. 즉, "아시아를 나에게 보여줄 수 있겠니? 이것이 무엇이지?" • 똑같은 형식으로 다른 대륙들도 어린이에게 소개한다. (교사는 어린이가 경험한 것이 있다고 생각될 때는 대륙의 이름과 그 경험을 연결시켜 준다.) 예) "이것은 유럽이다. 나는 작년에 그곳에 갔지. 제트 비행기를 타고 대양을 건너야 했어.", "이것은 유럽이다. 피자는 유럽에서 처음으로 만들어졌다. 스파게티도 마찬가지지.", "이것은 오스트레일리아이다. 이 지역에는 캥거루가 많이 산다."등 제시 3 : 〈 태양을 3단계 교수법으로 제시하기 〉 • 두 번째 단계에서 대륙의 명칭을 강화시킬 때, 가장자리선 (둘레)을 손으로 그려보게 하여 그 대륙의 모양에 주의 집중하도록 한다. (대륙 다음으로 대양과 바다 제시 – 바다보다 작고 육지로 둘러싸인 것은 호수) • 3단계 교수법을 사용하여 적어도 대서양, 태평양, 인도양 등의 대양 명칭을 익힌다.
흥미점	대륙의 색깔과 명칭
실수정정	대양과 대륙을 혼동하여 말할 때

변형 확대 및 응용	• 대륙의 명칭을 익히기 위한 언어카드를 만들어서 활동에 활용한다. • 명칭 카드를 만들어서 지구본에 붙여 보기	**지도상의 유의점** • 땅은 대륙에 따라 형태가 다르며 각각의 명칭이 있음을 알게 한다. • 지구위의 물의 부분은 모양 형태가 다르며 그에 따른 명칭이 있음을 알게 한다.
		관찰 (아동평가) 대륙, 대양의 명칭과 위치를 알고 있는가?

활동(4)

주 제	지도 퍼즐	대상연령	6~9세
교 구	세계지도 퍼즐, 한국지도 퍼즐		
목 적	직 접	지구는 매우 넓고 5대양 6대주로 나눠져 있음을 안다.	
	간 접	지구촌에 관심을 가지고 지구의 소중함을 안다.	
선행학습	땅, 공기, 물		
언 어	5대양, 6대주, 대륙, 대양		
교 구 제 시			

활동과정 (상호작용)	제시 1 : 〈 세계지도 퍼즐 소개하기 〉 • 몬테소리는 모든 어린이가 퍼즐에 매혹된다는 것을 인식했기 때문에 3~6세 어린이에게 최초의 인상과 어휘를 제시하기 위한 매개체를 광범위하게 사용하였다. 지도퍼즐은 이 원칙의 대표적인 교구의 하나이다. • 지도퍼즐은 장식이나 명칭을 붙이는 것이 산만하지 않게 각 대륙이나 나라의 경계선(국경)만 나타나 있다. 완전한 한 세트는 세계지도, 북아메리카, 남아메리카, 유럽, 아시아, 아프리카, 오세아니아로 구성되어 있다. 각 나라의 위치를 가르치는 순서는 세계지도, 오세아니아, 북아메리카, 유럽, 남아메리카, 아시아, 아프리카 등의 순서로 나라 수가 적은 대륙부터 제시한다. • 여러가지 기준(기온, 인종 등)을 정하여 명칭 분류해 보기 제시 2 : 〈 세계지도 퍼즐의 제시 목적 알기 〉 • 이 자료들은 추상적인 지리적 공간 개념을 실제로 파악하기 이전에 일반적으로 소개되어진다. 지도퍼즐 놀이는 후에 세계와 세계 민족에 관한 연구에 관심을 가질 수 있게 하기 위함이며 나라들과 대륙의 경계선과 위치에 대한 감각 인상을 제공하기 위해 고안되었다. • 나라의 이름은 3단계 교수법으로 지도한다.
흥미점	• 퍼즐로 우리 지구의 대륙명칭을 자신있게 맞출 수 있을 때 • 대륙모양의 퍼즐을 제대로 잘 매칭할 때
실수정정	5대양 6대주 퍼즐 맞추기에 실패했을 때

변형 확대 및 응용	지도 퍼즐 조각을 부직포에 대고 그리고 오린 후 퍼즐 놀이를 해 본다.	지도상의 유의점
		자연스럽게 퍼즐 놀이를 하면서 세계 여러 나라의 위치와 형태, 이름익히기
		관 찰 (아 동 평 가)
		지도퍼즐과 정정판을 활용해 퍼즐 놀이를 스스로 할 수 있는가?

활동(5)

주 제	세계 지도	대상연령	6~9세
교 구	비닐로 된 육대주 지구본, 세계 지도퍼즐 (지구의 2반구를 평면으로 색칠) 각 대륙모양에 손잡이가 달린 모형(각 대륙은 육대주 지구본과 똑같은 크기와 색깔로 되어 있음).		
목 적	직 접	지구를 나타내는 형태에 있어서 구 형태의 지구와 평면 지도와의 차이를 인식한다.	
	간 접	둥근 입체모양의 지구가 평면의 지도가 된 까닭을 이해한다.	
선행학습	육대주 지구본		
언 어	육대주 지구본 각 대륙의 명칭		
교 구 제 시			

활동과정 (상호작용)	**제시 1 : 〈 세계지도 소개 하기 〉** • 비닐로 된 지구본을 교구장에서 가져온다. • 지구는 둥글며 이 지구본과 같은 모양이다. • "지구는 실제로 구 모양이지만 지도는 평면이다. 우리가 더 쉽게 사용할 수 있도록 사람들은 지도를 만들었다. 이 빨간 비닐공을 보자. 자, 이것은 구 모양이지만 반으로 잘라 편하게 펼 수가 있어."라고 말한다.(손으로 반구를 누르면 평평하게 펴질 것)이다.(어린이에게 구 모양의 지구본과 평면지도와의 관계를 최초로 인식하게 한다.) • 세계 지도퍼즐을 가져온다. "이것은 지구를 납작하게 펼친 지도퍼즐이다."라고 말한다. • 오른손으로 아시아 퍼즐의 손잡이를 쥐고 퍼즐판에서 들어 올린다. 그리고 "이곳은 아시아이다." 라고 말한다. • 퍼즐 조각을 내려놓고 오른손의 검지로 퍼즐 조각의 가장자리를 따라 만져 본다. 왼손으로 아시아 손잡이를 쥐고 퍼즐 조각을 오른손의 검지로 가장자리를 따라 만져 본다. (다른 대륙 소개도 같은 방법으로 소개한다.) **제시 2 : 〈 지도퍼즐을 이용한 지도 만들기 〉** • 준비물 : 세계지도퍼즐, 지도의 반구와 똑같은 크기로 자른 투명한 플라스틱 원, 전체 지도 퍼즐을 그릴 수 있는 크기의 종이, 색연필 세트 • 어린이에게 우선 작은 종이 한 장에다 대륙의 윤곽을 본뜨기 위해 지도 퍼즐의 조각을 사용한다. • 어린이에게 지도 위에 색칠되어 있는 대륙과 똑같이 색연필로 색칠하게 한다 • 투명한 플라스틱 원을 작업영역에 가져온다. 큰 종이 왼쪽 중심에 원을 놓고 윤곽을 따라 그린다. 그 다음 원을 오른쪽 중앙으로 옮겨 두 번째 원을 그린다.
흥 미 점	• 지구가 납작하게 지도로 그려졌다는것 • 지도퍼즐 및 육대주와의 관련성을 보는 것
실수정정	지구본의 땅과 물을 퍼즐로 놓지 못할 때

변형 확대 및 응 용	• 명칭이 쓰여 있는 지도를 준비한다. • 동물 표본 그림, 각 대륙을 나타낼 수 있는 전통의상을 입은 어린이 그림이나 전통적인 그림자료 여러 가지를 준비한다. • 각 대륙별로 핀칭으로 육대주 형태를 떠낼 수 있는 활동을 준비한다.(이 활동을 위해서는 가로,세로 15cm×15cm의 정사각형 소형 매트 또는 그와 유사한 깔천이 필요하다. 또 대륙과 동일한 색깔이 가로세로 15cm크기의 색지, 핀이 담긴 용기, 가로,세로 15cm크기의 흰색 종이, 풀, 연필 등이 필요하다. • 어린이는 깔천 위에 색지를 놓고 퍼즐조각을 놓은 후 연필로 그 윤곽을 본뜨고 윤곽에 따라 핀으로 촘촘하게 구멍을 뚫는다. 그 형태가 나타나면 흰 용지에 붙여 국가 이름이나 대륙 이름을 종이 위에 쓴다.	**지도상의 유의점** 지도는 어떤 사람이 지구를 쫙 펼친 것처럼 편편하며, 지구 위의 어떤 장소를 나타내기 위한 방법이라는 것을 이해시킨다. **관 찰 (아 동 평 가)** 각 대륙의 명칭을 알 수 있는가?

활동(6)

주 제	지도 퍼즐의 추가 활동	대상연령	6~9세
교 구	북아메리카, 남아메리카, 유럽, 아프리카, 아시아 오스트레일리아, 오세아니아, 한국 지도퍼즐(각 도)		
목 적	직 접	• 각 대륙마다의 생김과 특징에 관심을 갖는다.	
	간 접	지구의 여러 나라와 그 위치의 다름을 이해한다.	
선행학습	세계지도퍼즐		
언 어	5대양 6대주 명칭, 잠비아, 에티오피아		
교구 제시			

활동과정 (상호작용)	제시 1 : 〈 아시아 지도퍼즐 제시하기 〉 • 3단계 교수법을 사용하여 나라의 명칭을 소개해 준다. 아시아 지도퍼즐은 보통 세계지도퍼즐 이후 곧바로 소개한다. 아시아를 보여주고 여행경험을 들려준다(처음에 많은 조각을 가지고 지도를 만들려고 시도한다면 몇 개만 가지고 시작하도록 도와준다.) 제시 2 : 〈 한국 지도 퍼즐 제시 하기 〉 • 어린이가 살고 있는 도에서부터 시작하고, 다음에 어린이에게 익숙할 것 같은 경기도, 경상도, 충청도, 전라도 등의 주요 도를 제시한다. 여행한 경험, 다른 도에 살고 있는 친척, 아버지가 출장 중이신 곳, 할머니가 사시는 곳 등 익숙한 장소부터 제시한다. (유럽, 아프리카, 아시아, 남아메리카, 오세아니아 지도들도 위에서 말한 지도와 똑같은 방법으로 제시한다) • 각 지방의 독특한 문화, 예술품, 음식, 음악 또는 개인 여행 경험 등을 연관시켜서 제시한다.	
흥 미 점	• 지도퍼즐의 조각으로 지도를 만들어 보는 것. • 내가 살고 있는 도에서부터 시작하여 한국, 아시아 주에 대하여 배우는 것	
실수정정	• 지도 퍼즐 정정판의 사용을 하지 못할 때	
변형 확대 및 응 용	• 정정판 지도를 사용하는 방법을 알려준다. (지도퍼즐 한 개와, 정정판 지도 한 개가 필요하다.) 정정판 지도는 지도퍼즐과 똑같이 각도의 경계 또는 지방이 그려진 지도이다. 명칭을 읽힐 때 도·지방·대양·대륙의 명칭을 인쇄한 명칭 카드를 소개한다. • 세계(육지와 바다)·아시아·한국·유럽·남아메리카·아프리카·북아메리카·오세아니아 등과 관련된 자료들을 분류하여 각각 작은 서랍에 넣어 분류해 둔다. 쓰기가 가능한 어린이들은 각 명칭을 쓰도록 한다.	**지도상의 유의점** 가장 간단한 오세아니아주부터 시작하는 것이 보통이지만 우리 나라가 포함되어 있는 아시아 주 부터 배우는 것이 좋다. **관 찰 (아 동 평 가)** 지도 퍼즐을 이용하여 나라의 명칭과 위치를 알 수 있는가?

활동(7)

주 제	지도소개 (우리동에-우리고장-우리나라-세계)		대상연령	6~9세
교 구	긴 도화지, 색연필, 지도 만들 찰흙			
목 적	직 접	지도를 바르게 읽을 수 있고 지도의 편리함을 안다.		
	간 접	세계지도에 관심을 가지고 위치 감각을 기른다.		
선행학습	지도퍼즐 작업			
언 어	동네지도, 동네의 주요건물 명칭, 우체국, 소방서, 경찰서, 파출소 등			
교구 제시				

활동과정 (상호작용)	지도학습은 우리동네, 우리고장, 우리도, 우리나라-우리주(아시아국)-세계지도 등으로 확장시켜 학습한다. 제시 1 : 〈 찰흙으로 동네지도 만들기 활동 소개하기 〉 • 교사는 종이, 색연필, 지도 만들 점토를 가져와 어린이 옆에 앉는다. 교사는 "오늘은 우리가 지도를 만들어 보자."라고 말한다. 점토 한덩어리를 떼어서 어린이의 학교 건물과 비슷하게 만들어 본다. "이것을 우리 학교라고 생각하자. 종이는 학교를 둘러싸고 있는 땅이라고 해. 학교 건물을 이 종이 위에 놓아 볼까?" 종이 위에 모형을 올려놓는다. • "자, 만약 우리가 학교에서 출발하여 하이킹을 떠난다면 전화국 건물을 맨 처음 볼 수 있다. 작은 전화국 모양을 만들어 여기 오른쪽에다 놓을게, 우리가 전화국을 지나고 나면 다음에 어떤 곳이 있다고 생각하니? 맞았어, 우리는 동네 사거리를 지나간다. 색연필로 이곳에 화곡사거리를 그릴 수 있어."라고 말한다. 제시 2 : 〈 지도 만들기 활동하기 〉 • 계속해서 위와 같은 방법으로 이 곳에 길, 도로, 빌딩, 동상, 큰 나무와 다른 경계표시를 만들도록 한다. 교사의 설명을 들은 후 어린이는 점토로 모형을 만들어 본다. 제시 3 : 〈 길따라 산보하기〉 • 전체 작업을 끝마치게 되면 만든 길을 따라서 두 손가락을 사용해 산보를 한다.	
흥 미 점	• 점토를 만져서 건물을 만들어 보는 것 • 지도가 점토로 만든 건물로 완성되어 가는 것	
실수정정	실제의 고장 지도와 비교해 본다.	
변형 확대 및 응 용	• 어린이에게 익숙한 장소에 대해 직접 지도를 그려보게 한 후 손가락을 이용해 산보를 해보게 한다.	**지도상의 유의점** • 활동 전에 동네에 있는 건물, 길, 전화국 등을 견학 한다. • 너무 세밀한 부분의 표현을 피한다. **관 찰 (아 동 평 가)** 지도 위에 나타낼 건물모형들은 제 위치에 세우고 있는가?

활동(8)

주 제	도시와 농촌 만들기	대상연령	6~9세
교 구	도시나 농촌을 만들 나무 합판 2개 (인조 잔디, 정원용 흙, 회색 칠이된 인조 도로 등의 준비물) 건물 세트 (물체 세트 – 차, 나무, 사람 모델을 포함하여 6가지 이하), 도시 농촌 사진		
목 적	직 접	공간개념을 증진시키고 도시와 농촌의 특색을 인식한다.	
	간 접	살기좋은 도시공학에 관심을 갖는다.	
선행학습	도시와 농촌의 사진, 그림, VTR 등을 보았던 학습(도시와 농촌)		
언 어	도시 (철도, 전철, 기차, 버스, 빌딩, 공원, 아파트) 농촌 (흙 산, 벌판, 식물, 농사)		
교구 제시			

활동과정 (상호작용)	제시 1 : 〈 모형 도시나 농촌을 본뜨기 〉 • 낮은 탁자 위에 2개의 판을 고정된 위치에 나란히 놓는다.(빌딩 2세트를 탁자 위로 가져온다.) • 한 합판 위에 모형 건물, 나무, 차, 다른 특징물 등이 있는 한 세트로 모형 도시를 꾸며 본다. • "빈 합판 위에 모형도시를 보고 그대로 본 떠서 두 개를 똑같게 만들어 보자." 라고 말한다. 제시 2 : 〈 본뜬 도시나 농촌에 모형세트 놓아 보기 〉 • 어린이에게 건물 하나를 건네준다, 어린이에게 그 건물이 어디에 있는 것인지를 물어서 그 건물의 위치를 확인하고 비어 있는 알아맞추기 판의 같은 장소에 건물을 놓게 한다. • 모든 모형 건물과 물체가 어린이의 빈 판 위에 옮겨 놓여졌을 때 모형의 위치가 똑같은지를 확인해 보게 한다. 제시 3 : 〈 새로운 모형도시를 만드는 활동하기 〉 • 첫 번째 판에 있는 모형 건물을 치우고서 "자, 우리 이 도시 건물을 다르게 놓아서 빈 판에다 새로운 도시를 본떠 보도록 하자"라고 한다. • 이러한 방법으로 다양하게 판에다 재구성해 본다.
흥 미 점	• 모형 빌딩, 합판 위에 진열되는 물체 • 도시와 농촌의 다른 점을 직접 만들어 가며 비교해 보는 것
실수정정	관련된 사진(그림)이나 첫 번째 모형

변형 확대 및 응 용	• 살기좋은 도시를 구상하여 그려본다. • 빌딩 명칭을 준비하여 건물에다 그 명칭을 붙여 본다. • 도시와 농촌의 특징을 나타내는 그림들을 모아 '도시', '농촌' 이라는 제목으로 각각 소책자를 만든다.	지도상의 유의점
		우리와 다른곳의 자연환경 및 그 특징에 대하여 더 알고 싶은 욕구가 생길 수 있도록 유도한다.
		관 찰 (아 동 평 가)
		도시와 농촌의 특징을 인식하고 잘 구성할 수 있는가?

지 리

활동(9)

주 제	지도 만드는 법 소개	대상연령	6~9세
교 구	모형 교실이나 학교 환경, 그림이나 사진 모형 농촌·도시를 만들기 위한 나무 합판 필요한 빌딩, 울타리, 나무들의 모형 세트 대략의 지도가 그려진 합판		
목 적	직 접	세 가지 방법으로 실물지도를 만들어 볼 수 있도록 준비한다.	
	간 접	추상적이고 상징화된 지도만들기 작업을 경험하게 한다.	
선행학습	모형 도시나 농촌활동		
언 어	위에서 인용한 어휘		
교 구 제 시			

활동과정 (상호작용)	제시 1 : 〈모형 도시나 농촌의 지도를 소개하는 방법으로의 활동〉 • 합판 위에 모형 도시나 농촌을 펼쳐 놓는다. • 지도판을 합판의 오른쪽에 놓는다. • 어린이에게 합판 위에 모델을 가리키며 "이것은 우리가 이전에 작업해 본 모형도시(모형 농촌)이다. 그리고 이것은 (지도를 가리키며) 그것을 그린 지도이다. 지도란 어떤 물체의 위치를 나타내주는 한가지 방법이다."라고 말한다. • 지도 위에 그려진 건물 중 하나를 가리키며 "이것은 학교의 그림이다. 모형으로 된 학교를 찾아서 학교그림 위에다 올려놓을 수 있겠니?"라고 한다. 다시 다른 모형 건물들도 그림 위에 올려놓는다. • 일단 모든 모형 건물이 지도 위에 그려진 위치에 놓여지면 계속 작업할 수 있도록 합판 옆의 매트로 옮겨 작업한다. • "이 지도를 통해서 모든 건물이 제자리에 있을 때 도시가 어떤 모습인지를 우리는 볼 수 있다. 자, 합판 위에 모형 건물들을 놓을 장소를 알기 위해서 지도를 사용해보자. 학교에서 출발해 보자. 지도 위에 있던 장소를 나에게 가르쳐 줄 수 있겠니? 지도에 그려져 있는 곳과 똑같은 곳에 학교를 놓아 보자"라고 말한다. 제시 2 : 〈모형도시나 농촌의 지도 만들기〉 • 합판 위에다 모형 도시를 놓는다. 그 다음 빈 지도판과 여러 가지 건물 그림이 있는 카드 세트를 가지고 와 합판 오른쪽에 놓는다. • 모형 도시 위에 빌딩을 차례로 놓는다. "이 건물들이 있는 장소를 나타내는 지도를 만들어 보자."라고 말한 후 활동한다.
흥미점	• 지도가 완성되어 가는 과정 • 구체적인 모형과 좀 더 추상적인 지도와의 관련성을 아는 것
실수정정	지도 혹은 조립한 모형 도시

		지도상의 유의점
변형 확대 및 응용	• 인형집이나 모형 교실과 같은 다른 건물들을 이용하여 작업한다. • 만든 지도에 강, 산 등의 상세한 그림을 첨가해 본다.	그림지도에 나타난 위치에 길 모형 건물을 정확하게 놓아 보도록 한다.
		관 찰 (아 동 평 가)
		지도 만드는 순서에 따라 지도를 만들 수 있는가?

활동(10)

주 제	나침반 소개	대상연령	6~9세
교 구	육대주 지구본, 세계지도퍼즐, 크고 쉽게 읽을 수 있는 나침반, 동서남북이 쓰여진 큰 카드 세트, 나침반 용어가 표시되어 있는 작은 카드 세트 (A세트 ; 북쪽, 남쪽, 동쪽, 서쪽, B세트 ; 북동쪽, 남동쪽, 북서쪽, 남서쪽, C세트 ; 약어 카드 세트)		
목 적	직 접	나침반의 사용법과 활용도를 안다.	
	간 접	어린이에게 지도와 나침반을 함께 사용할 수 있도록 준비한다.	
선행학습	지도퍼즐을 종이에 옮겨 그리는 작업 모형 도시나 모형 농촌의 작업활동의 충분한 경험		
언 어	교구에서 인용한 어휘		
교구 제시			

활동과정 (상호작용)	제시 1 : 〈지구본 위의 북쪽과 남쪽(바깥놀이에서도 사용할 수 있다)〉 • 교사는 선반에서 육대주 지구본을 가져온다(구의 명칭과 구에 대한 기억을 회상) • 구의 꼭대기를 가리키며 "이것은 북극이다."라고 말한다. • 구의 밑바닥을 가리키며 "이것은 남극이다."라고 말한다. • 교사는 손가락을 적도 가까이에 놓고 북극 쪽으로 천천히 움직인다. • "실제지구에서는 북극(남극)이 굉장히 멀다. 우리는 지금 북극으로 가고 있다고 생각하자."라고 말한다. • 북쪽이나 남쪽으로 움직이는 개념을 교사의 손가락을 사용하여 3단계 교수법으로 지도 제시 2 : 〈세계지도퍼즐 위에서의 동쪽, 서쪽, 남쪽, 북쪽 지도〉 • 교구장에서 육대주 지구본과 세계지도퍼즐을 가져온 후 그 위의 북쪽과 남쪽에 대해 어린이가 알고 있는 바를 회상시킨다. • 지구본 위의 바로 이것이 북극이고 저것이 남극임을 지도 제시 3 : 〈나침반〉 • N(북) S(남) 방위 알아보기 제시 4 : 〈실외에서 나침반 사용하는 법〉 • 실내 실외에서 N, S 의 목표물을 정하고 걸어간다. 제시 5 : 〈북동, 북서, 남동, 남서쪽〉 제시 6 : 〈방향카드와 약어카드〉 • NE 북동쪽, NW 북서쪽
흥미점	나침반, 카드, 언급한 방향
실수정정	동서남북의 방향을 혼동하는 경우 교사의 관찰에 의함

변형 확대 및 응용	나침반 방향 카드와 약어 카드를 준비하여 나침반 둘레에 방향을 쓴 카드를 놓고 나란히 약어 카드를 같이 놓는다.	**지도상의 유의점** 실제의 나침반 방향과 지도 상에서의 나침반 방향을 알게 한다.
		관찰 (아동 평가) 나침반 놓는 방법을 알고 방위를 능숙하게 찾아낼 수 있는가?

활동(11)

주 제	방향 놀이	대상연령	6~9세
교 구	크고 두꺼운 비닐(깔 수 있고 말 수도 있는 것으로 페인트나 두꺼운 매직으로 비닐 위에 길, 광장, 교통망, 강, 호수 교통망 장소 이름이 표시된 등이 그려져 있다, 종횡으로 각 5개의 길, 비닐 위 한쪽 구석에는 큰 원형의 나침반, 그림, 북쪽, 북동쪽, 동쪽, 남동쪽, 남쪽, 남서쪽, 서쪽, 북서쪽 표시가 쓰여져 있는 나침바늘. 큰 나침반 (나침반은 비닐 위에 그려진 나침반원 내에 놓아두고 비닐 위에 나타내고 있는 북쪽 방향을 나침반이 나타내는 북쪽으로 나란히 놓기), 특징적 건물 세트(한 마을을 완성하기 위한 도시의 건물인 학교, 교회, 시청, 흑색 지붕의 하얀 집, 흰 지붕의 빨간 집 모형 등을 수집), 간단한 방향을 지시한 첫 번째 세트(세종로와 광화문과 종로 사이에 교보문고를 놓아 보기)와 복잡한 방향을 지시한 두 번째 세트(시청쪽에 덕수궁 건물을 놓아보기)		
목 적	직접	쓰여진 방향에 따라서 여러 복잡한 활동을 점차 증진시켜 주며 지도 (이런 경우 길과 관련있는 건물을 놓아보도록)와 관련지어 작업할 수 있다.	
	간접	이후에 더욱 상징적인 지도를 가지고 작업할 수 있도록 하며 길과 관련 있는 활동을 하도록 준비한다.	
선행학습	모형 도시나 농촌, 모형 도시로 지도 만드는 방법 소개 나침반에 관한 소개		
언 어	교구의 용어, 교차점		
교 구 제 시			

활동과정 (상호작용)	제시 1 : 〈 방향놀이 소개하기 〉 • 작업 영역에 두꺼운 비닐 지도를 가져와서 펼친다. • 나침반을 가져와 지도 한 쪽에 표시되어 있는 원 안에 내려놓는다. • 교실 내에서 어느 방향이 북쪽인지를 말해 준다, 나침반이 가리키는 북쪽 방향으로 천천히 전체 비닐 지도를 맞춘다. • 건물을 제 위치에 맞게 놓기 위해 간단한 방향의 지시 카드를 준다. • 건물과 건물 이름을 다시 소개한다. • 지도를 보여주고 "이것이 작은 도시 지도이다. 쓰여진 건물의 명칭이 무엇인지 함께 읽는다.(교차점 설명; 두 길이 만나는 지점) • 동서남북 가리켜 보기(나침반) • 손으로 가리키면서"이 길은 북쪽과 남쪽 또는 동쪽과 서쪽으로 통한다"라고 설명한다(길의 방향을 교사에게 얘기하도록 한다.) 제시 2 : 〈 방향 지시 세트 놓아 보기 〉 • 방향 지시 카드를 보여주며"이 카드들은 각 건물의 장소를 나타낸다. 첫 번째 카드를 읽어보자"라고 말한다. "동네 사거리에서 북쪽으로 터널모형을 놓아라", "사거리에서 남쪽으로 전화국 건물을 놓아라" 등 점차 복잡한 set를 소개한다. • 기본 방향을 이해한 후에 더욱 복잡한 세트를 소개한다.	
흥 미 점	지도, 건물, 건물이 위치하는 정확한 장소를 찾는 것	
실수정정	나침반의 방향을 알아내는 활동을 하고 있을 때 교사의 관찰에 의함	
변형 확대 및 응 용	• 한 지점에서 다른 지점까지 장난감 자동차 길을 만든다. 장난감차 방향을 말해 주는 카드를 준비한다. 예)"두 블록을 지나 왼쪽으로 돈다. 세 블록 북쪽으로 가 멈춘다, 여기가 어디지?"하고 물으며 방향을 익힌다.	**지도상의 유의점** • 나침반 방향을 바로 맞춘다. • 방향 지시에 따라 건물을 놓도록 한다. **관 찰 (아 동 평 가)** 다른 어린이들과 잘 어울려서 방향 놀이를 정확하게 하는가?

활동(12)

주 제	핀으로 지도 만들기		대상연령	6~9세
교 구		지도 세트 ① : 각 나라마다 세 개의 작은 구멍이 뚫려 있고 그 중 한 개는 그 나라의 수도 위치에 둘레가 빨간색으로 표시돼 있다. 지도 세트 ② ; 각 나라에 나라 이름이 적혀 있다. 지도 세트 ③ ; 각 나라의 수도 이름이 적혀 있다. 지도 세트 ④ ; 각 나라의 국기가 국경 안에 프린트되어 있다(둘째, 셋째, 넷째 지도 세트는 정정판으로 사용한다. 각기 다른 색의 세 개의 상자를 준비하여 그 안에 ① 나라 이름이 적힌 깃발, ② 수도 명칭이 적힌 깃발, ③ 각 나라의 작은 국기들을 나누어 넣는다.		
목 적	직 접	대륙별로 나라 이름과 국기를 구별하여 이름을 붙이고 여러 나라의 수도 명칭이 다름을 안다.		
	간 접	세계에는 여러나라가 있음을 알고 그 국가의 이름, 국가 수도와 그 명칭 등의 상징에 관심을 갖는다.		
선행학습	지도퍼즐과 국기			
언 어	위에서 인용한 어휘 등			
교 구 제 시				

활동과정 (상호작용)	제시 1 : 〈국기 꽂는 구멍이 있는 지도에 국기 꽂기 소개하기〉 (이 활동에는 읽기 기술이 요구되지 않기 때문에 더 어린 어린이를 위한 매칭 활동으로서 소개 될 수 있다.) • 국기 꽂는 구멍이 있는 지도를 가져온다. • 국기상자와 (국기가 그려져 있는) 정정판 지도를 나란히 놓는다. • "이것은 북아메리카 지도이다, 이 지도에는 여러 구멍이 있다. • 지도를 보고 이 구멍에 작은 국기들을 꽂아보자." 라고 말한다. • 상자에서 미국 국기를 가져와서 "이것은 미국 국기이다, 미국에 있는 한 구멍에다 이것을 꽂아 보자"라고 말한다. 제시 2 : 〈 북아메리카의 국기 모두 꽂기 〉 • 캐나다 국기를 선택하여 어린이에게 꽂아 보도록 한다, 정정판 지도를 함께 사용하여 확인하면서 작업하고 계속 북아메리카의 모든 국기를 계속해서 꽂아 보도록 한다.
흥미점	지도위에 세워진 여러 기들, 정정판 지도와 확인하면서 옮기기
실수정정	정정판 지도

변형 확대 및 응용	• 위의 국기꽂기 활동을 정정판 없이 해 본다.	**지도상의 유의점** • 한대륙씩 선택하여 학습한다. • 핀의 뾰족한 부분에 다치지 않게 한다. **관 찰 (아 동 평 가)** 장구모양의 핀을 이용하여 핀 지도 만들기 작업을 할 수 있는가?

Ⅱ. 물리적 지리
활동(13)

주 제	땅과 물의 형태	대상연령	6~9세
교 구	땅과 물의 모형(섬, 해협, 지협, 반도, 만, 호수 등), 피쳐, 파란색 물, 스펀지, 큰 쟁반, 각 모형에 따른 3부분 카드, 색칠할 수 있게 준비된 카드 복사물 (색칠 후 책으로 만듦), 각 모형에 대한 설명 카드 형태에 대한 지식을 갖는다.			
목 적	직 접	지구를 구성하는 땅과 물의 기본적인 것에 대해 감각적 인상을 가지게 하고 여러 가지 땅과 물의 형태의 다른점을 인식한다.		
	간 접	물리적 지리영역 내에서 더욱 추상적인 작업을 할 수 있는 힘을 기른다.		
선행학습	땅, 물, 공기에 대한 학습			
언 어	섬, 호수, 지협, 해협, 만(Bay), 큰만(Gulfs)			
교 구 제 시	호수 / 반도 / 지협 / 해협			

활동과정
(상호작용)
	제시 1 : 〈 땅과 물의 형태 〉
	• 여러가지 파일자료, 지도, VTR을 보고 땅과 물의 다양한 형태를 찾아본다.
	• 용어를 알아본다.
	  -물에 둘러싸인 땅 모양을 찾아보고 용어를 알아본다.
	  -땅에 둘러싸인 물 모양을 찾아보고 용어를 알아본다.
	  -물과 물 사이로 연결된 땅 모양을 찾아보고 용어를 알아본다.
	  -땅과 땅 사이로 연결된 물모양을 찾아보고 용어를 알아본다.
	  -땅이 바다 쪽을 길게 뻗은 모양
	  -만과 반도의 모양을 찾아보면서 다른점 알아보기
	
	제시 2 : 〈섬과 호수의 형태 만들기 〉
	• 찰흙으로 다양한 땅의 형태를 빚고 실제로 물을 부어 제시한다.
	• 해당 명칭을 깃발로 만들어 꽂는다.
	• 그림이 있는 카드를 주고 아이에게 완성하게 한 후 소책을 만든다.	

흥 미 점	땅과 물의 여러가지 형태를 만들어 제시하는 것	
실수정정	물 따르기에 실수를 했을 경우 반복해서 정정한다.	
변형 확대 및 응 용	• 땅과 물의 여러 형태에 대한 그림, 사진, 명칭, 설명 등을 갖춘 책자를 본다. • 실물에 대한 경험을 갖도록 견학이나 산책을 하게 한다. • 설명카드와 명칭카드를 매칭 시켜 본다.	**지도상의 유의점** 가능하면 가깥놀이 공간에서 활동한다. **관 찰 (아 동 평 가)** • 피쳐의 물을 조심스럽게 땅의 모형에 따를 수 있는가? • 섬과 호수의 작은 책을 혼자 힘으로 만들 수 있는가?

지 리

활동(14)

주 제	여러 가지 땅 모양	대상연령	6~9세
교 구	가로, 세로 40cm×20cm 정도의 쟁반, 여러가지 땅의 모형(각 쟁반 위에 찰흙으로 만들어 말려 색칠하고 방수페인트로 표면을 처리한 여러 땅의 모형) 고원 언덕과 산 전체의 모형이 담긴 쟁반. 언덕과 계곡 모형이 담긴 쟁반. 계곡 있는 산의 모형이 담긴 쟁반. 강이 있는 계곡의 모형이 담긴 쟁반. 강과 폭포가 있는 고원이 담긴 쟁반. 땅의 모형에 따른 각 사진 세트. 땅의 모형에 따른 각 명칭 세트.		
목 적	직 접	다양한 땅의 모양에 관심을 갖고 땅 모양의 특징과 명칭을 안다.	
	간 접	지구촌의 다양한 땅모양에 관심을 가지고 인터넷 학습으로 지식의 폭을 넓힌다. 실제로 땅의 모양을 인식할 수 있도록 어린이에게 준비시켜 준다.	
선행학습	땅과 물의 형태, 지도 만드는 활동.		
언 어	땅의 모양을 소개할 때 쓰이는 어휘		
교구 제시	(HIGHLAND 고지대 / LOWLAND 저지대) (PEAK 산봉우리 / MOUNTAIN 산) (MOUNTAIN RANGE 산맥)		

활동과정 (상호작용)	제시 1 〈 여러 땅 모형을 지도, 사진, VTR 등으로 소개하기 〉 · 교구 하나와 그에 해당되는 사진을 함께 가져온다. 아동에게 사진을 소개하고 "이것은 산이다."라고 말한다. · 산을 가리키면서 쟁반 위의 모형을 아동에게 보여준다. · 선반에서 다른 모형과 사진을 함께 가져온다, · 위와 똑같은 방법으로 다른 모형들을 소개해 준다. 제시 2 : 〈 인터넷을 통하여 교사가 제시한 땅모양을 찾아본다.〉 제시 3 : 〈 땅 모양과 명칭은 3단계 교수법으로 소개 및 활동하기 〉 · 땅의 모양에 대해 이야기를 나눈다. "이 산은 너무 높기 때문에 올라 가려면 힘이 든다. 이 아동은 언덕 위에서 계곡으로 내려다보고 있다. 계곡 아래에는 집과 사람들이 있다. 잘 보이니?"라고 말한다. · "산 그림을 나에게 줄 수 있겠니?", "이것이 무엇이지?"와 같이 3단계 교수법을 사용한다. 제시 4: 〈 여러가지 땅모양에 따른 명칭을 알아본다 〉 · 각자 실제 찰흙으로 구성하거나, 그려서 땅모양의 명칭을 붙여본다.〉
흥 미 점	여러 종류의 땅과 물을 가지고 작업하는 과정
실수정정	모형을 가지고 실제 땅의 모양과 비교 해 보기

변형 확대 및 응 용	모래나 찰흙을 이용해서 아동 스스로 여러 모형을 만들어 해당 명칭을 붙여 본다.	**지도상의 유의점** 실제로 땅의 모양을 인식 할 수 있도록 모형을 직접 만져 보게 한다.
		관 찰 (아 동 평 가) 원하는 땅모양을 인터넷 그림 지도 등에서 찾을 수 있는가?

활동(15)

주 제	기후와 환경	대상연령	6~9세
교 구	4개의 사진첩(① 색깔을 달리하여 사막 지역, 열대 지역, 북극 지역, 온대지역으로 이름을 붙인다. ② 사진첩 앞 표지에는 각 사진첩의 전형적 기후를 나타내는 풍경그림을 붙인다. ③ 각 사진첩 안에는 기후 특징에 따라 사진첩과 같은 색깔의 낱장에 특징적 풍경, 동물, 식물 및 그 곳의 사람, 사는 집 등의 생활양상을 나타내 주는 그림이 들어 있어야 한다.)		
목 적	직 접	• 지구는 지역에 따라 환경의 특징이 각기 다름을 안다. • 사막의 생활에 관심을 갖는다.(기후, 동식물 등)	
	간 접	생물이 삶의 환경에 적응해 가는 상황에 관심을 가진다.	
선행학습	땅과 물의 형태, 지도 만드는 활동, 문화적 지리를 풍부하게 하는 활동		
언 어	사막, 모래, 기후, 물. 환경, 땅, 낙타		
교 구 제 시			

CLIMATE 기후

활동과정 (상호작용)	제시 1) · 사막에 관련한 책자를 보여준다. "이 책자를 보여 사막 생활을 이야기해요." · "사막은 거의 비가 오지 않는 뜨겁고 건조한 곳이다. 땅은 해변과 같이 모래로 뒤덮여 있고 바다도 없다. 가도 가도 끝이 없는 모래뿐이다."등을 설명한다. 다시 · '땅' 이라고 쓰여진 책자의 첫 장을 보여준다. "이것은 사막 그림이다. 모래로 된 언덕이 있니? 왜 나무와 풀이 없을까? 나무와 풀은 물이 충분하지 않기 때문에 사막에는 식물이 잘 자랄 수가 없지."라고 계속 그림을 보고 설명해 준다. · 다음 페이지를 계속해서 설명한다. ("이 동물은 사막에서 살 수 있는 동물이다. 이것은 낙타인데, 키가 크고 말과 좀 비슷하게 생겼다, 사막에서는 낙타를 타고 다닌다. 낙타는 특수한 동물이기 때문에 모래 위에서 아주 빨리 걸을 수 있고 며칠 동안이나 물을 마시지 않고도 걸어갈 수 있다." · 다음 페이지도 계속 설명한다. "이것은 사막에서 살 수 있는 식물 종류이다. 보통 나무들은 물이 많이 필요하기 때문에 사막에서도 살 수가 없다. 사막에는 비가 조금밖에 오지 않는다." 선인장들은 물이 조금만 있어도 살 수 있다. · 식물, 동물 및 사람들이 사막에 어떻게 적응해 나가는 지 사막의 기후나 기후가 의식주 생활에 주는 영향을 얘기한다.	
흥 미 점	우리가 사는 장소와는 아주 다른 특정 장소의 그림과 설명들	
실수정정	책자의 특정 색깔	
변형 확대 및 응 용	· 4개 지역을 나타내는 그림이 있는 잡지를 가져온다. 아동에게 사막 지역, 열대지역, 온대 지역 및 북극 지역에 관한 자신의 소책자를 만들기 · 여러 가지 기후에 살고 있는 동식물, 사람 등의 그림 세트를 준비하여 지역별로 분류한다. · 이런 기후 지역에 관한 필름이나 VTR, 영화 등을 보여준다. 식물이 있는 테라리움, 동물, 산악 지역, 정글 지역 또는 온대 지역의 특징을 살린 미니 환경을 보여준다. · 어린이에게 4개 기후 지역의 이해를 돕기위해 어린이들의 4개 기후 지역에 대한 이해를 돕기 위해 열대 지방의 음식, 사막에 적당한 옷, 낙타 등을 실제로 볼 수 있는 동물원을 견학한다. · 숲, 목장, 툰드라, 습지, 열대 지방의 산림과 같은 개념을 소개해 준다.	**지도상의 유의점** · 사전에 사막에 대해 충분히 조사해 온다. **관 찰 (아 동 평 가)** · 사막지역, 열대지역, 북극지역, 온대지역 등의 기후에 흥미를 느끼고 그 특징을 이해하고 있는가?

지 리 41

Ⅲ. 문화적 지리
활동(16)

주 제	문화적 지리에 관한 다양한 활동들	대상연령	6~9세
교 구	VTR, 컴퓨터, 인터넷, 다른 나라의 생활사진, 특정한 나라의 생활 풍습을 나타내는 책자 및 수집품들		

목 적	직 접	• 다른 나라의 문화, 땅, 사람들에 대해서 다양한 감각적 인상을 갖는다. • 세계 여러 곳의 문화적 특성에 흥미를 갖는다.
	간 접	다른 나라에 대해 지속적인 흥미를 가지고 폭 넓게 학습에 접근한다.

선행학습	지도퍼즐 활용
언 어	땅의 모양을 소개 할 때 쓰는 어휘들
교 구 제 시	

활동과정 (상호작용)	제시 1 : 〈 다른 나라의 생활 사진 〉 · 세계지도퍼즐의 6대주 활동을 마친 후 다른 나라의 생활 풍습 책자를 소개한다. · 그림들은 특정 대륙에 관한 사람, 집, 동물, 전통, 의상 및 교통수단을 묘사한 그림 자로 제시(National Geographic과 같은 잡지에서 오려서 사용) · 이런 초기의 지도 자료들은 어린이에게 특정 대륙의 시각적 인상을 심어 주는데 사용되어지기 때문에 특정한 색깔로 통일시킨다. (예; 아시아 그림은 노란종이 바탕, 유럽 그림은 빨간 종이 바탕에 붙인다. 그림이 나타내는 내용물 뒷면에 써 준다.) 제시 2 : 〈 특정 대륙의 생활그림 책자를 제시하고 관련된 정보를 나눈다. 〉 제시 3 : 〈 다른 나라의 생활 모습을 담은 VTR, 슬라이드 등을 본다. 〉 제시 4 : 〈 세계의 집 〉 제시 5 : 〈 풍물상자 〉 제시 6 : 〈 다른 나라의 전통 자료 〉 제시 7 : 〈 요리관련 〉 　　제시 8 : 〈 인형 〉 제시 9 : 〈 외국어 〉 　　제시 10: 〈 민속춤 〉 제시 11 : 〈 경축일 명절 〉 　제시 12 : 〈 인사법 〉 제시 13 : 〈 세계의 집 〉 등에 대한 필요한 자료 제시
흥 미 점	다른 나라의 여러 가지 생활 모습
실수정정	교사의 관찰, 사진첩

변형 확대 및 응용	모래나 찰흙을 이용해서 여러 모형과 해당 명칭 카드를 만든다.	**지도상의 유의점** 다른 나라의 생활 모습을 볼 수 있는 자료를 충분히 준비시킨다. **관 찰 (아 동 평 가)** 다른 나라 지역에 흥미를 가지고 도구를 이용하여 계속적으로 활동하려 하는가?

지 리

활동(17)

주 제	우리가 살고 있는 도시	대상연령	6~9세
교 구	문화적 지리를 풍부하게 공부할 수 있는 자료. 각자 그림을 모은 소책자. 유명한 도시의 그림(사진)과 일상 생활 장면이 담긴 책자. 도시의 길 안내 지도나 참고 서적. 고장의 전형적인 대표물 음식 등을 전시하거나 전시한 상자.		
목 적	직 접	각 아동의 고향의 대표적 특징과 지역 명칭, 전체 모습, 역사, 문화에 관심을 갖는다.	
	간 접	도시라는 개념을 알고 주요 명소에 관심을 갖는다.	
선행학습	도시에 대한 인식, 도시의 주요한 지역 명칭에 다소 익숙해 있어야 한다.		
언 어	어린이가 사는 도시의 지역 명칭		
교 구 제 시			

활동과정 (상호작용)	제시 1: 〈아동이 사는 도시의 유명한 곳과 일상 생활장면들의 책자를 아동에게 보여준다.〉 제시 2: 〈교재에 필요한 그림을 모은 소책자는 강의시에 사용되며 기본책자에 포함되는 내용은〉 • 1페이지 – 이것은 서울이다. • 2페이지 – 이곳은 높은 건물과 많은 나무가 있는 아름다운 도시이다. • 3페이지 – 서울은 우리나라의 수도이다. 이곳은 대통령이 사시며 일하시는 청와대이다. • 4페이지 – 이곳은 국회의사당이다. • 5페이지 – 이곳은 세종문화회관이다. • 6페이지 – 서울에는 큰 공원이 있다. 이곳을 서울대공원이라 부른다. 우리는 그곳에 소풍이나 하이킹을 간다. • 7페이지 – 이것은 한강이다. 이 강은 우리가 사는 서울 중심을 흐른다. • 8페이지 – 이곳에는 훌륭한 동물원이 있다. 나는 팬더곰을 좋아한다. • 9페이지 – 이것은 우리 유치원이다. • 10페이지 – 나는 서울에 사는 것이 좋다. 제시 3: 〈도시의 길 안내 지도 (교실 벽에 붙여 놓음 – 잘 아는 장소의 작은 그림 붙이기) 아동이 사는 곳, 학교 및 잘 아는 장소들을 나타내기 위해 지도를 사용한다.〉 제시 4: 〈아동이 사는 도시의 역사를 어린이에게 말해 준다.〉 제시 5: 〈아동이 사는 도시의 전형적인 대표물(유명한 건물 모형, 버스모형, 작은 배 등)을 전시하거나 전시한 상자〉 제시 6: 〈아동이 사는 도시의 전형적인 대표음식〉 제시 7: 〈아동이 사는 도시 근교의 야외 견학〉
흥미점	교사가 준비한 모든 자료와 경험들
실수정정	내가 살고 있는 도시 이름을 잘못 알고 있을 때

변형 확대 및 응용	• 바람직한 미래지향적인 도시계획의 그림과 생각을 써서 발표한다.	**지도상의 유의점** 우리가 살고 있는 도시의 좋은 점을 찾아 소책자를 만든다. 그리고 자료를 미리 수집 **관찰 (아동평가)** 내가 살고 있는 도시에 대하여 각 지역의 명칭을 알고 있는가?

활동(18)

주 제	우리가 사는 도	대상연령	6~9세
교 구	어린이가 사는 도시의 유명한 곳의 그림과 일상 생활 모습 책자(그림을 대지에 대고 붙여 그 밑에 각 명칭을 쓴다.) 교재로서 필요한 그림을 모은 소책자(길, 역사, 대표적인 상징물, 음식 등에 관한)		
목 적	직 접	우리가 살고 있는 도의 형태, 역사, 문화, 중요한 특징 및 지역 명칭을 안다. 우리가 살고 있는 지역의 장점을 살펴보고 더 잘 살기 위한 노력을 한다.	
	간 접	나라 살림은 풍속, 문화, 지리적으로 살림하기 편리하도록 나누어 관리가 되고 있으며 서로 도와야 함을 이해한다.	
선행학습	어린이가 살고 있는 지방 (도) 에 대한 학습		
언 어	어린이가 사는 도의 장소와 명칭		
교 구 제 시	퍼즐자료		

활동과정 (상호작용)	제시 1 : 〈어린이가 사는 도의 유명한 곳의 그림과 일상 생활 모습 등을 담은 책자〉 제시 2 : 〈교재로서 필요한 그림을 모은 소책자〉 (기본교재는 다음과 같이 구성된다.) • 1페이지 - 이것은 우리가 사는 경상북도이다. • 2페이지 - 이곳은 경치가 좋은 지방이다. • 3페이지 - 이곳에는 맑고 깨끗한 바다가 있다. • 4페이지 - 매년 여름마다 많은 사람들이 해수욕을 하기 위해 이 곳에 온다. • 5페이지 - 경상북도에서는 사과가 많이 난다. • 6페이지 - 우리나라 사람들은 이곳에서 나는 사과를 먹는다. • 7페이지 - 이것은 낙동강이다. 이 강은 경상북도를 길게 흐른다. • 8페이지 - 이 도에서 제일 큰 도시는 대구이다. 나는 때때로 이곳에 간다. • 9페이지 - 이곳은 경주이다. 이곳에는 훌륭한 문화유적들이 많이 있다. • 10페이지 - 이곳은 울릉도와 독도이다. 오징어가 많이 잡힌다. • 11페이지 - 경상북도에서는 누에고치를 많이 한다. 제시 3 : 〈어린이가 사는 지방(도)의 안내 지도에 익숙한 지역을 찾아 그림과 명칭을 붙이기〉 제시 4 : 〈그 지방의 유적지나 과거 모습을 담은 사진이나 그림을 보여주는 역사 이야기〉 제시 5 : 〈어린이가 사는 도의 전형적이 대표음식물을 전시하거나 전시한 상자〉 제시 6 : 〈어린이가 사는 도시의 전형적인 대표음식에 대한 정보를 나눈다.〉
흥미점	교사가 준비한 모든 자료와 경험들
실수정정	우리나라의 행정구역의 구분을 알지 못할 때

변형 확대 및 응 용	•「지방자치제」에 대한 정보를 나눈다. • 지역의 발전에 필요한 것을 연구하여 기록하고 발표한다.	**지도상의 유의점**
		우리나라의 퍼즐지도로 명칭과 위치를 알게된다.
		관 찰 (아 동 평 가)
		각도에 대한 명칭과 그림 (화보, 사진 등)을 능숙하게 짝 지을 수 있는가?

활동(19)

주 제	한국의 14도	대상연령	6~9세
교 구	도의 구분과 명칭이 쓰여 있는 한국지도, 도의 명칭 카드 세트의 구분만 되어 있고 명칭 표시가 없는 한국지도, 도 구분이 잘된 한국지도		
목 적	직 접	우리나라는 여러 행정구역으로 나뉘어짐을 이해한다.	
	간 접	우리나라의 여러 지역에 대해 더 높은 수준으로 탐구할 수 있도록 준비한다.	
선행학습	한국 지도 퍼즐에 관련된 다양한 작업활동, 다른 지역으로 여행한 경험		
언 어	14도의 명칭		
교 구 제 시			

활동과정 (상호작용)	제시 1 : 〈한국지도 퍼즐 및 한국지도 소개 하기〉 • 한국 지도 퍼즐과 도의 구분이 되어 있고 도의 명칭이 적힌 한국 지도를 가져온다. • 이것은 우리 나라 지도이다. 우리 나라는 여러 지역이 모여서 이루어졌다. 즉, 14개 도로 나뉘어져 있다. 제시 2 : 〈각 도의 위치, 명칭, 기후 등 특색 소개 하기〉 • 이곳은 제주도라 부른다. 우리 나라의 가장 남쪽 지방에 있는 도이다. 이 곳은 년 중 날씨가 따뜻한 지방이란다. 경치가 무척 아름다운 곳이다. 그래서 우리나라내의 많은 사람들이 휴가를 이곳에서 보내고 싶어한단다. • 퍼즐의 집게의 중앙 부분을 왼손으로 집어서 손잡이 부분을 오른손으로 옮겨쥔다. • 지도 퍼즐에서 제주도(타지역 도)를 떼어 지도 위에 놓는다. • 도 명칭 카드 세트를 정정판을 보며 한국 지도 위에 놓아 본다. 즉 "이곳은 일년 내내 바람이 많이 부는 지방이란다."등과 같은 설명과 함께 그 지방의 특징적인 주거 형태, 동물, 식물 등의 그림책 보기 • 그 지방의 특징적인 음식을 맛보거나 박물관 견학.(인터넷의 백과사전을 찾아 정보 기록하기)
흥 미 점	각 도마다 그 모양이 다름을 볼 때
실수정정	퍼즐을 제대로 배치하지 못할 때

변형 확대 및 응 용	• 각 도의 특징을 기준(기후, 음식, 특산물…)을 정하여 14개 도의 소책자를 만든다. • 작은 크기의 한국지도를 준비해 주고 각 도를 색칠하고 명칭을 붙여 보게 한다.	**지도상의 유의점** 각 도의 특징을 나타내는 풍물 상자를 준비해 준다
		관 찰 (아 동 평 가) 각 도의 명칭과 대강의 특색을 알고 있는가?

지 리

Ⅳ. 국 기
활동(20)

주 제	국 기		대상연령	6~9세
교 구	육대주 퍼즐, 세계 여러나라 국기꽂이 세트(육대주 별로 지도위에 나라별로 국기가 그려져 있고 별도로 그 위에 세울 각 나라 국기가 마련되어 있어야 함)			
목 적	직 접	각 국가의 상징인 국기가 있음을 알고 세계 여러 나라의 국기의 생김새를 알아본다.		
	간 접	세계 평화의 소중함을 깨닫는다.		
선행학습	복잡한 형태의 디자인 매칭하기, 지도퍼즐, 어린이에게 주어진 나라의 최초 인상을 갖게 하기 위한 초보적인 문화경험을 포함한 활동			
언 어	국기 지구의 대륙 명칭			
교 구 제 시				

활동과정 (상호작용)	제시1 : 국기의 소개 - 육대주 중 해당 대륙(예, 아시아)을 상징하는 작은 국기세트(각 국기는 스텐트 위에 꽂혀져 있음) 살펴 보기 - 육대주 지도퍼즐 • 아시아의 지도를 아동 앞에 놓는다. A그룹은 한국을 포함한 아시아의 국기 3개를 가져온 후 한국 국기를 보여주며 "이것은 우리나라 국기이다. 국기는 한 나라를 상징한다."라고 말한다. 한국의 퍼즐 조각을 국기 옆에 놓는다. • 지도퍼즐에서 나라와 국기를 짝지어 보도록 한다. - 국기와 나라가 함께 그려진 카드 세트 - 국기와 나라가 분리된 카드 세트 - 대륙 전체가 그려진 큰 카드 세트 - 대륙 전체가 그려진 지도퍼즐 제시2 : 3단계 교수법으로 활동 하기 • 다른 국기도 같은 방법으로 제시한다. 한꺼번에 국기 3개를 가지고 수업할 때에는 국기를 잘 인식할 수 있도록 어린이에게 3단계 교수법을 사용하여 가르친다. "일본 국기를 나에게 보여 줄 수 있니? 어느 국기가 일본 국기이지?"등과 같이 말한다. • 실제 크기의 국기를 보여준 후 국기꽂이 세트에서 같은 국기를 찾아 보기 • 각 국기는 상징을 나타내는 특수한 색채와 모양이 있는데 이것은 어떤 이 점에 대해 이야기를 나눈다. 제시3 : 국기 꽂기판 위에 능숙하게 꽂기
흥 미 점	육대주 별로 국기가 그려진 지도 위에 각 나라의 국기를 짝지어 보는 것
실수정정	국기꽂이 판 위에 그려져 있는 국기에 의함

변형 확대 및 응 용	• 국기와 나라가 함께 있는 카드와 지도퍼즐 등을 준비한 후 카드 한 개를 선택해서 카드 위에 그 나라에 맞는 지도퍼즐 조각을 연결 시킨다. 일단 어린이가 이것을 이해한 후에 오류의 점검으로 대륙 전체가 그려진 큰 카드 세트를 사용한다.	**지도상의 유의점** 대륙별로 국기를 그려 소책자 만들기 등의 활동을 추가한다. **관 찰 (아 동 평 가)** 각 나라를 상징하는 국기를 능숙하게 잘 짝지을 수 있는가?

V. 태양계
활동(21)

주 제	우주놀이	대상연령	6~9세
교 구	• 태양과 9개의 행성, 달, 혜성 등의 모형(스티로폼 공) 세트 • 우주의 모습을 담은 큰사진이나 그림		
목 적	직 접	태양 주위를 회전하는 행성들과 지구 주위를 회전하는 달의 태양계에 대한 인상을 갖는다.	
	간 접	천체와 우주에 대한 호기심과 탐구심을 기른다.	
선행학습	지구와 태양		
언 어	우주, 태양, 달, 각 행성 명칭		
교 구 제 시			

활동과정 (상호작용)	제시 1 : 〈 태양, 지구, 달 〉 • 태양, 지구, 달 모형을 가져온다. • 3명의 어린이를 함께 부른다. 한 어린이에게 태양 모형을 가져와 타원의 중앙에 서게 한다. • 다른 어린이에게 지구의 모형을 준다. 지구 모형을 들고 궤도를 따라 한 차례 걸어 보게 한다. • 세 번째 어린이에게 달 모형을 준다. 달이 지구의 주위를 돈다고 설명한다. 세 번째 어린이에게 지구 모형을 들고 있는 어린이의 근처를 걸어 보게 한다. • 지구 모형을 든 어린이는 지구 궤도에 따라 서서히 걸어 본다. 동시에 달을 가지고 있는 어린이는 움직이는 지구 근처를 걸어 본다. (이런 활동을 할 때는 훈련받은 나이 든 어린이가 필요하다) • 이 활동을 할 때 "지구는 태양 주위를 돌고 달은 지구 주위를 돈다" 라고 다시 언급한다. 제시 2 : 〈 태양계 〉 • 교실내에 있는 지구, 태양, 행성, 혜성 모형을 가지고 실외 놀이 영역으로 나간다. • 적어도 10명의 어린이를 불러 "오늘은 특별한 춤을 추어 보자. 이것은 우주 춤이다. 우주가 어떠한지 말해 보겠니? 이것은 우주이다. 이것에는 우리가 살고 있는 지구를 포함해서 주위를 도는 모든 행성과 태양이 포함된다"라고 말해 준다. • 한 어린이에게 태양 모형을 주고 놀이 영역의 중앙에 서게 한다. • 다음 한 어린이에게 지구 모형을 주고 그것은 지구를 나타낸다고 말한다. 태양과 아주 멀리 떨어진 곳에 지구 모형을 든 어린이가 선다. 그 안쪽에 2개의 행성 궤도가 있다. 어린이에게 표시된 궤도를 따라 태양 주위를 계속 돌도록 한다. • 다른 어린이에게 수성 모형을 준다. 8개 다른 행성이 태양 주위를 돈다고 참여한 어린이에게 설명해 준다. "태양에 가장 가까운 행성이 수성이다. 수성은 작고 빠른 속도로 돈다"라고 말한다. 어린이에게 태양에 제일 가까운 궤도에 들고 가 서게 한다. • 이런 방법으로 다른 행성도 차례로 계속 소개한 후 각 궤도에 서게 한다. • 행성을 든 어린이가 모두 제자리에 서면 "자, 이것은 태양주위를 도는 전체 태양계다", "9개의 행성은 수성, 금성, 지구, 화성, 목성, 토성, 천왕성, 혜왕성, 명왕성 등이다"라고 말한다. • 2명의 어린이에게 혜성 모형을 주고서 "이것은 혜성이다. 작고 얼음으로 된 이 행성은 태양과 아주 멀리 떨어져 돈다. 그러나 몇 십 년만에 한 번씩 행성계로 나타난다"라고 말해 준다. 태양계를 가로지르는 타원형 궤도를 어린이에게 소개 해 준다. • "각 행성은 태양 주위를 계속해서 돈다. 혜성은 가끔씩 나타났다가 사라져 버린다. 그리고 우리가 상상할 수 없을 정도로 멀리 떨어져 있는 것이 별들이다."라고 말한다.
흥 미 점	행성은 태양 주위를 돈다.
실수정정	"지구는 태양 주위를 돌고 달은 지구 주위를 돈다"는 원리를 이해못할 때

변형 확대 및 응 용	• 구스타프 홀스트(Gustav Holst)의 웅장한 톤의 "The Planets(행성), 영화 "Zools"의 서곡과 같은 음악을 첨가한다. • 저녁 시간에 망원경으로 밤 하늘을 관찰하고 관찰 결과를 기록하여 가르친다..	**지도상의 유의점** • 어린이가 행성이 되어서 활동해 본다. • 사전에 밤하늘 보기 학습을 실시한다.(과제도 가능)
		관 찰 (아 동 평 가) 태양계의 행성들은 태양을 중심으로 돌고 있다는 사실을 이해 하는가?

활동(22)

주 제	지구와 태양	대상연령	6~9세
교 구	지구본 교실 바닥에 색 테이프를 큰 타원 모양으로 붙인다.(이 타원은 태양 주위에 있는 행성들과 지구 궤도 모양을 나타내기 위함이다.)		
목 적	직 접	지구와 태양과의 관계를 안다. 지구가 태양주위를 한 번 도는 데 1년이 걸린다는 것을 안다.	
	간 접	지구와 태양의 관계에 대한 초기의 인상을 인식한다.	
선행학습	우주놀이(모든 어린이는 초대 손님으로 참가한다. 모든 어린이는 자신의 생일이 있는 달에 지구본을 들고 태양 주위를 돌 기회가 있었다. 어린이가 상징적 활동 경험과 특별한 사고 수준에 도달했을 때 이것을 이해하기 시작한다. 이러한 활동은 간단한 것이지만 지구와 태양에 관해 최초의 인상을 갖는 중요한 활동이다.		
언 어	궤도, 태양계의 이름, 공전		
교구 제시			

활동과정 (상호작용)	**제시 1 : 〈 생일 축하 활동 소개하기 〉** • 어린이의 생일이 다가올 때쯤 생일 맞을 어린이의 부모와 연락하여 생일 축하 잔치 때 어린이의 생활사를 학급 어린이에게 들려주는 축하 기회가 있다는 것을 설명해 준다. 교사는 어린이 발달 중 특징적인 어린이 생활에 대해 충분한 정보를 얻을 수 있도록 가족에게 물어본다. 예를 들면, 출생지, 조모께서 신생아를 돌봐주었는지의 여부, 몸무게, 걷기 시작할 때, 어린이가 좋아하는 장난감 등, 만약에 가족들이 어린이의 연령에 따라 모아둔 사진을 빌려 줄 수 있다면 이것은 큰 도움이 된다. 생일 축하 잔치때 이 모든 자료를 정리해서 어린이가 지구본을 들고 태양 주위를 돌 때 그 어린이의 어렸을 적의 재미있는 사건이나 이야기 등을 간단하게 소개할 수 있다. • 생일 활동은 하루 일과의 마지막 시간에 한다. 만약 점심때 귀가하는 아이가 있을 경우 점심 시간 바로 전에 생일 잔치를 한다. 어린이들을 큰 원으로 둘러앉게 하고 생일 맞은 어린이가 자유롭게 원을 돌 수 있게 한다. **제시 2 : 〈생일 축하 활동하기 〉** • 모든 어린이가 제자리에 바르게 앉았을 때 초(램프)와 지구본을 가져온다. 사진첩과 교사가 준비한 자료들을 배치한다. • 원 중앙에 초를 두고 초에 불을 붙인다. 어린이에게 이것이 불이므로 매우 뜨겁다고 주의를 시키고 어린이들이 제자리에 앉아 지켜보도록 한다. • "이 촛불은 태양을 나타낸다. 우리가 하늘을 쳐다보면 볼 수 있는 태양과 같다, 이 태양은 아주 커다란 불덩이로 계속 불타고 있으며 꺼지지 않는다."고 말한다. • 지구본을 가져와서 교실 바닥 위의 태양계 근처를 천천히 걸으면서 "이 지구본은 우리가 살고 있는 지구를 나타낸다. 지구는 태양 주위를 돈다."라고 말한다, 교사는 지구본을 들고 태양 주위를 아주 천천히 걷는다. "지구가 태양 주위를 도는 데는 아주 많은 시간이 걸린다. 매시간 아주 천천히 돌고 있다. 지구가 태양 주위를 도는 데는 1년이 걸린다."라고 말한다. • 생일 맞은 어린이의 이름을 불러 그 어린이에게 지구본을 준다. 교사가 조금 전에 시범해 보인 것처럼 어린이에게 태양계 선을 따라 천천히 걷도록 한다. • 어린이에게 태양계 선에 서게 한다. 어린이가 태양계 선을 따라 돌 때 교사는 어린이의 재미있는 지난 생활사를 들려준다. 즉, "오늘은 경미의 생일이다, 우리 모두 함께 재미있는 생일 축하 순서를 갖도록 하자, 경미는 지구본을 들고 잠시 기다려라"라고 말한다. • 어린이가 현재 나이까지 정확하게 선을 따라 몇바퀴 돈 후에 "경미는 이제 5살이다. 오늘은 경미의 생일이다."라고 말한다, "지구는 태양 주위를 5바퀴 돌았다. 그래서 경미가 태어난 이후 5년이 지나갔다."고 말한다. • 생일 축하 노래를 부르면서 활동을 끝마치도록 한다. • 위와 같은 방법으로 생일 맞은 어린이를 위해 특별한 생일 축하 순서를 가진다. - 좋은 전통으로 유치원 도서관이나 학급 문고에 생일 맞은 어린이의 이름을 써서 책을 기증하는 가정도 있다.
흥미점	생일 축하, 촛불이나 램프
실수정정	맡겨진 역할의 이해를 잘 못할때

변형 확대 및 응용	• 어린이들과 함께 우주 춤을 추며 탄생의 기쁨을 발표한다.(노래, 춤 표현, 무언극 등으로)	**지도상의 유의점**
		나의 성장표(몇 살 때 무슨 일이 있었는지 중요한 사실을 설명과 함께 사진을 붙인표)와 함께 지도하는 것이 바람직하다.
		관찰 (아동 평가)
		지구본을 들고 태양(전등)을 한 바퀴 도는 것이 일년이 지난 것임을 알고 있는가?

활동(23)

주 제	**별의 생성(친화력)**	대상연령	6~9세

교 구	수조, 후추 가루나 종이 조각 우주챠트 Chart(태양에 대한 지구의 크기 비율)		

목 적	직 접	별의 생성 과정을 이해할 수 있다.
	간 접	후추 가루들이 뭉치는 모습은 어떤 새로운 화합물이 형성되는 것과 같음을 알 수 있다.

선행학습	고체, 액체, 기체 실험
언 어	별, 언어, 친화, 태양, 행성 |//
교 구 제 시	(양, 지구 / 후추, 물, 수조 그림)

활동과정 (상호작용)	제시 1 : 〈 은하계의 움직임을 실험으로 소개하기 〉 • 물이 2/3정도 담긴 투명한 수조에 후추를 넣은 후 관찰하게 한다. 　- 후추 미립자들이 서로 뭉쳐서 그룹을 형성하는 것을 볼 수 있다. 　- 후추의 움직임이 마치 은하계의 움직임과 흡사하다. 　- 이런 현상을 응집력이라고 한다. 제시 2 : 〈 챠트 1 제시하기 〉 • chart 1을 보면서 태양에 대해 이야기한다. 　- 태양은 은하계의 중심이며 열과 빛을 보내서 생명이 살 수 있게 해준다. 　- 태양은 별이고 지구는 행성이다. 　- 태양 빛이 지구까지 오는 데는 몇 년 씩 걸린다. 제시 3 : 〈 별의 색깔별 온도 차이 알기 〉 • 별의 색을 알기 위해 각 단위의 구슬을 가리키며 그것이 무엇인지 물어본다. 　- 아주 뜨거운 별 : 파란 빛, 흰빛, 푸른빛은 아주 뜨거운 별 　- 조금 덜 뜨거운 별 : 주홍, 빨간 색 　- 노란색 (태양)
흥 미 점	• 태양에 대한 감각을 심어 주기 위한 차트와 실험 • 후추 가루들이 뭉치는 모습을 보는 것
실수정정	실험시 응집현상이 잘 일어나지 않을 때

변형 확대 및 응 용	• 인터넷에서 별들의 거리, 태양의 크기, 온도, 각 부문 명칭에 대한 정보를 모아서 그리고 조사하고 기록하여 발표한다.	**지도상의 유의점** 차분한 분위기 조성과 세심한 관찰을 하게 한다. 전문적인 깊은 과학적 지식을 요구하지 않는다.
		관 찰 (아 동 평 가) 수조에 후추를 넣어 응집력을 실험해 보는 것이 은하계의 움직임으로 이해하는가?

활동(24)

주 제	원심력과 구심력, 관성, 중력	대상연령	6~9세

교 구	양동이, 물, 유리컵, 종이, 동전, 종이 2개, 차트 2 (지구의 가족, 지구와 태양계)

목 적	직 접	행성들은 궤도에서 벗어나지 않고 운동함을 안다.
	간 접	모든 별은 움직이지만 충돌하지 않음을 안다.

선행학습	친화력 실험

언 어	중력, 관성

교구 제시	(동전, 판자, 유리컵, 물이 표시된 그림)

활동과정 (상호작용)	제시 1 : 〈중력에 대한 실험 1〉 • 양동이에 물을 반쯤 넣고 손을 휘두르며 돌린다. 　- 원심력 ; 서로 밀어내는 힘 　- 구심력 ; 중심으로 잡아당기는 힘이 작용하여 물이 그대로 있고 쏟아지지 않는다 　- 이런 현상을 중력이라고 한다. 제시 2 : 〈중력에 대한 실험 2 〉 • 중력 실험 : 　- 같은 크기, 같은 무게의 종이 조각 2개를 동시에 떨어뜨린다. 　- 구겨진 종이 조각과 퍼진 종이 조각을 동시에 떨어뜨린다.(공기 저항에 의해 구겨진 종이가 먼저 떨어짐) 　- 모든 물체는 지구의 중심 쪽으로 잡아당기는 힘에 의해 항상 밑으로 떨어진다. 제시 3 : 〈관성에 대한 실험 3〉 　- 컵 위에 두꺼운 종이 조각을 올려놓고 그 위에 동전을 올려놓는다. 　- 종이를 힘껏 잡아당긴다. (동전이 컵 속으로 빠짐) 　- 모든 물체는 외부에서 힘이 가해지지 않는 한 움직이지 않고 그대로 있으려 한다. 제시 4 : 〈 chart 2 제시하기 〉 • chart 2를 보면서 태양계에 대해 이야기한다. 　- 태양은 은하계의 중심이며 열과 빛을 보내서 생명이 살 수 있게 해준다. 　- 태양계에서의 행성들은 궤도에서 벗어나지 않고 운동한다. 　- 9개의 행성은 자기 궤도에서 각자 움직이고 있다.
흥 미 점	양동이를 돌릴 때 물이 쏟아지지 않는 점
실수정정	종이를 떨어뜨릴 때 항상 변화가 다른 점

변형 확대 및 응용	태양의 가족인 9개의 그룹으로 나누어 연구하고 행성을 만들어서 발표하기	지도상의 유의점
		양동이에 물을 넣고 돌리는 실험은 실외에 나가서 안전하게 하는 것이 좋다.
		관 찰 (아 동 평 가)
		행성들이 궤도에서 벗어나지 않고 않는 까닭을 알 수 있는가?

활동(25)

주 제	지구의 생성 과정	대상연령	6~9세

교 구	지리 차트 3, 4, 5 패트병, 수조, 물, 화산 폭발 실험 장치 : Chart 3 (우주의 춤 – 냉각의 과정), Chart 4(화산의 시대 – 냉각 과정), Chart 5(태양의 아름다운 딸 – 비와 냉각)

목 적	직 접	지구는 냉각 과정을 거치면서 점차 대기, 물, 땅이 형성됨을 안다.
	간 접	화산폭발이 일어날때 생긴 가스의 발생으로 인해 대기가 형성되고 지구의 침식작용이 일어남을 알 수 있다.

선행학습	원심력과 구심력

언 어	냉각, 침식, 화산 가스(이산화탄소), 대기

교구 제시	

활동과정
(상호작용)
	제시 1 : 〈 실험을 통한 chart 3 제시하기 〉
	• 실험 5 : 뜨거운 공기가 상승하는 현상을 보여준다.
	  – 차트 3을 보면서 보충 설명해주기
	
	제시 2 : 〈 실험을 통한 chart 4 제시하기 〉
	• 실험 6 : 화산 폭발 실험 위에 놓는다.
	  – 공기 , 증기, 용암이 나온다(폭발해서 이산화탄소발생 – 생명이 존재할 수 있는 여건이 형성된다)
	  – 높은 지대와 낮은 지대가 만들어진다.
	  – 계속적인 비로 침식 작용이 일어나 땅의 바닥이 형성된다.
	  – 차트 4: 공기의 팽창과 땅의 폭발
	
	제시 3 : 〈실험을 통한 chart 5 제시하기〉
	• 실험 7 : 침식 작용
	  – 모형 화산폭발 실험 장치에 모래를 뿌리고 비의 형태로 물을 뿌린다.
	  – 모래가 아래로 씻겨 내려가는 현상을 관찰하게 한다.
	  – 차트 5: 태양의 아름다운 달 – 비와 냉각
	
	제시 4 :
	• 실험 8 : 공간을 공기가 차지함
	  – 뚜껑이 닫혀 있는 패트병을 거꾸로 물 속에 넣는다.
	  – 뚜껑을 열면 병 속에서 공기가 빠져나가고 물이 채워진다.
	※ 지구에는 많은 원소(약 103개)들이 있으며 이 원소들은 혼합물을 만듦
	
	제시 5 : chart 6 제시하기(지구의 내부 구성 요소 알아보기)
	  – 지구의 안쪽에는 내핵과 외핵이 있으며 맨틀, 지각, 수권, 대기권 순서로 되어 있고 화산, 지진으로 인해 조금씩 변하고 있다.

흥미점	모형 화산실험을 통해 나타나는 현상 및 차트를 통한 지구의 냉각 과정
실수정정	화산 폭발 실험은 반드시 사전 실험을 통해 식초, 베이킹소다, 식용 색소 등의 양을 조절해야 한다.

변형 확대 및 응용	• 차트5의 대기권의 구성 요소 연구하기 • 지구 각 부분의 명칭 카드 • 차트6과 관련하여 지구 내부 그림에 명칭 달기	**지도상의 유의점**
		각 챠트의 핵심을 이해하게 한다.
		관 찰 (아 동 평 가)
		지구가 냉각과정을 거치면서 점차 대기. 물, 땅이 형성됨을 알고 있는가?

활동(26)

주 제	지각의 운동과 모습	대상연령	6~9세
교 구	여러 색의 부직포 A4크기 5장 정도, 명칭 카드, 지각의 모형 단층		
목 적	직 접	산맥은 화산, 압력, 균열 등의 여러 가지 방법으로 형성됨을 안다. 부직포의 변화된 형태와 단층 모형은 실제 땅의 형태와 같음을 안다.	
	간 접	지각의 운동으로 일어나는 일들에 관심을 갖는다.	
선행학습	지각을 이루는 물질		
언 어	지각, 단층, 습곡		
교구 제시				

활동과정 (상호작용)	제시 1 : 〈압력으로 산맥이 형성되는 과정 소개하기〉 • 실험 1 : 압력으로 산맥이 이루어지는 과정 - 습곡과 산맥 - 아동을 초대하여 부직포가 지구의 각 층임을 알려준다. - 지층들은 서로 밀면서 산을 만든다. - 주름잡힌 산을 만들어 보이면서 산맥을 보여 준다. (오하이오의 에클레이션 산이 대표적이다.) 제시 2 : 〈지구표면의 균열으로 산맥이 형성되는 과정 소개하기〉 • 실험 2 : 지구 표면의 균열 - 단층 모형을 합하여 사각기둥을 보여주고 지층임을 알게 한다. - 지구 표면에 균열이 생겨 아래까지 계속되면 단층이 생긴다. 이 단층은 갈라져서 산이 형성된다. ※ 단층으로 형성된 산은 끝이 매우 뾰족하다.(예 : 히말라야 산) 제시 3 : 〈암석 표본 소개하기〉 • 실험 3 : 암석 3가지 종류. - 화강암, 퇴적암, 변성암 등을 암석 표본으로 관찰한다.
흥미점	• 모든 화산은 단층 선이 있는 곳에 있는 점 • 지구의 지층은 7개인데 지층이 만나는 부분에 화산이 생긴다는 것 • 지진이 일어나는 곳에 화산이 있다는 점
실수정정	지층의 모형이 잘 만들어지지 않을 때

변형 확대 및 응용	• 산 만들어 보기 • 세계의 주요 산맥이 단층으로 생긴 것인지 압력으로 생긴 것인지 까닭을 알아보고 글로 써본다.	**지도상의 유의점** 산맥의 모형이 잘 만들어지지 않는 경우가 많으므로 반복한다. **관 찰 (아 동 평 가)** 산맥은 화산, 압력, 균열 등의 여러 가지 방법으로 형성됨을 이해 하는가?

활동(27)

주 제	**태양 에너지와 지구**	대상연령	6~9세
교 구	책상 2개, 전구, 지구본, 지리(차트 1), 태양 에너지(챠트 7)		
목 적	직 접	태양의 빛과 열은 수 만 개의 행성에 빛과 열을 줄 수 있음을 안다.	
	간 접	지구는 태양 빛의 일부만을 받고 있음을 알 수 있다.	
선행학습	태양계 그림		
언 어	에너지		
교 구 제 시			

활동과정 (상호작용)	제시 1 : 〈태양에너지의 분산을 실험으로 소개하기〉 • 실험 : 태양에너지 - 전구의 불을 켠다. "모든 방향으로 빛이 분산되는 것을 볼 수 있니?" - 이것은 지구이다. 지구가 빛을 받고 있는 것을 볼 수 있니? 태양이 거대한 양의 빛과 열을 만들고 이것은 모든 방향으로 분산되어 간단다. 지구는 그 중 극히 일부만을 받고 있는 것이다. - 태양에너지의 크기에 대해서 이야기 해 보자. - 태양의 온도를 알아본다. 제시 2 : 〈태양에너지의 분산을 chart 7 로 제시하기〉 • 지리Chart 7(에너지) - 태양의 빛과 열은 수만 개의 지구를 비출 수도 있고 열도 줄 수 있다. - 태양에너지는 핵 융합에 의해서 수소가 헬륨으로 변하면서 엄청난 에너지로 바뀐다.
흥 미 점	태양에너지와 빛을 감각적으로 이해하기
실수정정	태양과 지구의 크기를 실험을 통해 이해하지 못할 때

변형 확대 및 응 용	• 여러 가지 빛의 종류에 대한 정보찾기 • 여러가지 빛의 용도에 대한 정보찾기	**지도상의 유의점** 지리차트1을 제시할때 태양과 지구의 크기를 다시 한번 상기시킨다,
		관 찰 (아 동 평 가) 태양의 빛과 열은 수만 개의 지구가 있다해도 모두 비출 수 있는 거대한 신비체임을 느끼는가?

활동(28)

주 제	지구의 자전	대상연령	6~9세
교 구	전구, 지구본, 지리차트 8 – 불과 얼음, 지구의 운동 Chart17- 낮과 밤, 자전과 그 결과, Chart18-지구의 다양한 기온과 자전의 관계		
목 적	직 접	지구가 자전함으로써 생기는 현상을 알 수 있다.	
	간 접	지구가 공전과 자전을 함으로써 생기는 현상에 관심을 갖고 연구한다.	
선행학습	태양 에너지		
언 어	자전, 낮, 밤, 온도		
교구제시	정오 (NOON) 해지기 (Sunset) 날이새우 (Dawn) 밤 (Night)		

활동과정 (상호작용)	제시 1 : 〈 지구의 자전을 지리 chart 8로 제시하기 〉 • 차트 8 : 지구의 자전 – 지구가 불이 나거나 얼어붙지 않는 것은 매일 지구가 한 바퀴씩 스스로 돌기 때문이다. – 도는 것이 느껴지니? 알아채지 못하게 천천히 돈다. 제시 2 : 〈 지구의 자전결과를 지리 chart 17로 제시하기 〉 • Chart 17 : 낮과 밤 자전과 그 결과 – 지구가 공 모양이기 때문에 오직 지구의 반쪽만을 비춘다. – 파란색으로 표시된 부분의 지구는 밤을 나타내며 낮의 시간에 따라 달라지는 열은 노랑, 주황, 빨강으로 나타낸다. – 태양이 가장 높이 떴을 때를 정오라고 부르며 이것의 반대는 자정이라 부른다. 〈차트 8〉 제시 3 : 〈 지구의 다양한 기온을 chart 18로 제시하기 〉 • Chart 18 : 지구의 다양한 기온과 자전의 관계 – 지구 표면의 다양한 온도는 자전과 관계 있는 것으로 나타난다. 지구축을 따라서 한 바퀴 도는데 24시간이 걸린다. 낮 중에서 가장 추운 시간은 새벽이다. 왜냐하면 새벽에는 지구가 수 시간 동안 열을 받지 않은 채로 있었기 때문이다. 낮 중에는 각 시간에 따라 기온도 다르다. 지구의 다른 지역에서는 다른 시간대를 지나고 있으며 그래서 기온대도 다름을 알아본다.
흥 미 점	지구의 자전과 낮과 밤의 차이를 차트로 나타낸 점
실수정정	차트18을 거꾸로 제시할 때

변형 확대 및 응용	〈차트 18〉 낮 서 동 밤 • 차트10 : 태양 광선은 그 위치에 따라 어떻게 지구에 닿게 는가? • 북극. 남극의 낮과 밤 〈차트 10〉	지도상의 유의점
		지구상의 위치에 따른 다양한 기온 분포와 지구의 자전과의 관계를 알도록 한다.
		관 찰 (아 동 평 가)
		지구가 자전함으로써 생기는 현상을 이해하였는가?

활동(29)

주 제	지축의 기울기와 공전	대상연령	6~9세
교 구	전구, 지구 비치볼, 실, 사인펜, 차트 19, 20, 21(차트19-태양을 향하고 있는 지구의 위치-지구축의 경사, 차트20-계절, 지구의 공전과 계절, 차트21-지도의 계절, 각 계절의 첫날)		
목 적	직 접	지구의 기울어짐으로 인해 생긴 현상들을 이해한다.	
	간 접	태양과 거리 변화와 계절과의 관계를 이해한다.	
선행학습	지구의 자전		
언 어	계절, 적도, 남회귀선, 북회귀선, 춘분, 하지, 추분, 동지		
교 구 제 시			

〈차트 20〉

활동과정 (상호작용)	제시 1 : 〈 지축의 기울기를 실험과 chart 19로 제시하기 〉 • 실험 1 : 공전 시 지구의 기울어짐을 지구본을 갖고 전등 주위를 돌면서 보여 준다. 　-차트19: 지구의 축은 항상 같은 방향으로 기울어져 있어 항상 남반구가 빛을 받을 때도 있고 북반구가 받을 때도 있다. 이때 태양과 지축이 직각일 경우가 있는데 적도, 북회귀선, 남회귀선이라고 한다. 제시 2 : 〈 춘분과 하지, 추분과 동지를 chart 20로 제시하기 〉 • 차트 20: 춘분과 하지, 추분과 동지 　- 적도 부분을 수직으로 비출 때 (12시간의 낮과 밤) 　- 2개의 춘분, 추분, 하지, 동지를 가질 수 있다. 제시 3 : 〈 계절의 변화를 chart 21로 제시하기 〉 • 차트 21: 계절을 나타낸 지도 　- 6월 21일(여름): 하지(북회귀선) 　- 9월 21일(봄, 가을): 춘분, 추분(적도) 　- 12월 21알(겨울): 동지(남회귀선) 　- 차트25와 같이 놓고 계절 지도함
흥 미 점	차트를 통해 계절을 이해하는 것
실수정정	계절의 이동 순서가 잘못되는 경우

변형 확대 및 응　용	• 명칭 카드(춘분, 추분, 하지, 동지)로 차트 위에 짝짓기 • 우리 나라와 관련지어 차트로 계절 알아보기	**지도상의 유의점** 고학년에서 다루기 때문에 너무 어렵게 설명하지 말고 중요한 것만 간단히 다루어 준다. **관 찰 (아 동 평 가)** 지구의 기울어짐으로 인해 생기는 현상들을 감지하였는가?

활동(30)

주 제	지구의 기후대와 생활 모습	대상연령	6~9세
교 구	차트 22 - 지구의 열의 분포, 기후대 차트 26 - 열대지역, 적도 기후 지역 차트 27 - 냉대지역, 한 대 기후대 차트 28 - 온대지역, 온대 기후대 및 관련된 다양한 정보 준비		
목 적	직 접	지구의 기후에 따른 인간의 생활 모습을 알 수 있다.	
	간 접	지구의 여러 가지 기후대를 이해하며 공전에 따라 기후가 변함을 알 수 있다.	
선행학습	지구의 공전에 따른 계절		
언 어	온대기후, 열대기후, 한대기후		
교구제시	열대지역(ribution of the Heat on Earth:)		

활동과정
(상호작용)
	제시 1 : 〈 지구의 열의 분포를 chart 22로 제시 하기 〉
	• 차트 22 : 지구의 열의 분포
	  – 한대 지역 : 항상 춥고 때때로 얼어붙는다.
	  – 온대 기후 : 계절이 나타난다.
	  – 열대 기후: 항상 덥고 식물이 잘 자란다.
	
	제시 2 : 〈 열대지역을 chart 26로 제시 하기 〉
	• 차트 26 : 열대지역
	  – 식물이 풍성하게 자라고 바나나, 야자, 대나무 등이 있다.
	    커다란 파충류, 다양한 색의 아름다운 새, 많은 종류의 물고기 등이 있다.
	
	제시 3 : 〈 한 대지역을 chart 27로 제시 하기 〉
	• 차트 27 : 한대지역
	  – 에스키모가 산다. 그들의 집은 눈과 얼음과 눈덩이로 된 이글루였다.
	
	제시 4 : 〈 온대지역을 chart 28로 제시 하기 〉
	• 차트 28 : 온대지대
	  – 낙엽수가 잘 자란다. 다양한 종류의 잎이 자란다.
	    교사는 위의 4가지를 설명해 주면서 세계 여러 나라의 사진 및 그림 등을
	    보여준다.
	＊교사의 제시후 인터넷이나 백과사전 등에서 정보 찾는 방법을 지도한다. 열대, 한대,
	  온대 지역의 특성을 정의하여 쓴 후 소책자로 만든다.	

흥미점	기후에 따라 생활 모습이 다른 점	
실수정정	차트 22, 26, 27, 28의 의미를 전혀 익히지 못할 때	
변형 확대 및 응 용	• 세계 여러 나라의 생활 모습을 한 눈에 볼 수 있도록 큰 전지(모조지)에 세계 지도를 그리고 붙이기 • 기후대에 분포되어 있는 동 식물을 알아보기	**지도상의 유의점** 그림의 종류가 너무 다양하면 혼동되므로 수준별로 제시한다. **관 찰 (아 동 평 가)** 기후에 따른 사람들의 각각 다른 생활 모습을 알고 있는가?

개별화 교육을 위한
몬테소리 교수-학습 지도안

지 리
(9~12세)

도서출판 몬테소리

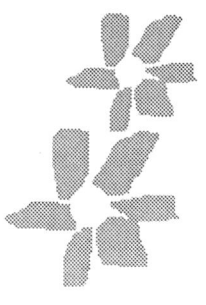

차 례

활동(1) 지리학의 소개 ··76
활동(2) 지리영역의 개요 ··78
활동(3) 심리적 측면의 지리 ···80
활동(4) 땅과 물의 형태 (1단계 실험) ··82
활동(5) 땅과 물의 형태 (2단계 실험) ··84
활동(6) 강에 대한 탐구 학습 ···86
활동(7) 지리영역의 세분화 된 학명 ···88
활동(8) 상상의 섬 ··90
활동(9) 지리영역의 핀맵 ··92
활동(10) 반구 활동 ···94
활동(11) 지리영역에서의 리서치 활동 ··96
활동(12) 지도 사용에 필요한 기술 ···98
활동(13) 표준 시간대 차트 ··100
활동(14) 경제적 측면의 지리 ···102
활동(15) 상호 의존 관계 ··104
활동(16) 대기의 대순환 ··106
활동(17) 지역풍 ··108
활동(18) 계절에 따른 대기의 대순환 ·······································110
활동(19) 바람의 작용 ···112
활동(20) 비의 형성 ··114
활동(21) 세계의 강과 유럽의 강 ··116
활동(22) 세계의 주요 강 ··118
활동(23) 유수의 침식 작용 ··120
활동(24) 빙하의 침식 작용 ··122
활동(25) 물의 순환 ··124

활동(1)

주 제	지리학의 개요 (1) - 지리학의 소개	대상연령	9~12세
교 구	지리 차트, 3부분 카드		
목 적	직 접	지리학에서 다루어야 할 주요 영역인 ① 기능지리, ② 경제지리, ③ 물리지리, ④ 정치지리의 성격을 이해한다.	
	간 접	지구와 우주와의 관계에 관심을 갖는다.	
선행학습	지구의 자전과 공전, 태양계에서 지구의 크기, 위치		
언 어	1. 경제 지리 2. 물리 지리 3. 정치 지리 4. 강에 대한 학습 5. 기능 지리		
교 구 제 시			

활동과정
(상호작용)
	제시 : 〈 지리학에서 다루어야 할 영역 소개하기. 〉
	• 9~12세에서 다루어야 할 지리영역.
	  - 경제 지리
	  - 물리 지리 : 심화된 내용을 다룸
	  - 정치 지리 : 심화된 내용을 다룸
	  - 강에 대한 학습 : 대륙에 있는 강을 중심으로 물리 지리의 확장임.
	     4~ 5학년은 조금만 다룬다.
	     6학년은 1년 내내 강에 대한 학습을 하게 된다.
	  - 기능 지리 - 물상과 겹치는 부분이 많다.
	• 6~ 9세의 기능 지리.
	  1. 지구와 우주와의 관계 - 손이 없는 하느님
	  2. 태양과 지구 - 태양의 광선이 지구에 비치는 chart.
	  3. 지구의 운동 - 지구의 자전과 공전
	• 기능 지리 chart
	  - chart하나를 지도한 후, 아동이 볼 수 있게 벽에 걸어둔다.
	    (주초에 교사가 지도, 주말에는 아동이 발표한다.)
	  - 6~ 9세에서는 chart에 대한 아동의 이해가 필요하다.
	  - 9~ 12세에서 1년차는 챠트(chart)에 대한 연구를 한다.
	  - 2·3년차는 연구(research)에 대한 작업의 내용을 듣는다.
	    (예) 고대 문명 1/3 한국 역사 1/3. 서울 1/3 작업한 후 서로 설명을 들어 본다.

흥미점	태양계에서 차지하는 지구의 위치, 역할 등을 알게 되는 것.
실수정정	제시된 챠트의 의미를 이해하지 못할 때(기능지리 차트, 태양계의 여러 행성들)

변형 확대 및 응용	경제지리, 물리지리(강에 대한 학습), 정치지리, 기능지리의 영역에 대한 학습 내용 찾기.	지도상의 유의점
		차트를 지도한 후 아동이 계속적으로 관심을 가지고 연구할 수 있도록 벽에 걸어둔다.
		관 찰 (아 동 평 가)
		지리학에서 배우게 되는 내용을 대강 설명할 수 있는가?

활동(2)

주 제	지리학의 개요 (2) - 지리영역의 개요		대상연령	9~12세
교 구	지구본, 퍼즐 지도, 국기, 지리 차트, 3부분 카드			
목 적	직 접	지리학에서 다루어야 할 주요 영역의 대강을 안다.		
	간 접	우리가 살고 있는 이 세계는 어떤 기능을 가지고 있는가 안다.		
선행학습	주요 국가에 대한 연구 -나라 이름, 수도, 인구, 주요 산과 강			
언 어	수출, 수입, 이민 해안, 작은 만(bays), 큰 만(gulfs)			
교 구 제 시				

활동과정 (상호작용)	제시 : 〈 지리영역의 개요 알아보기. 〉 1단계 • 세부사항에 대한 설명하기. • 각 부분들의 기능에 대하여 알아보기. 　– 형태(Shape)에 대한 지식 쌓기. 　　ㄱ. 지구본(우주)　　ㄴ. 퍼즐 지도 　　ㄷ. 땅의 형태　　　ㄹ. 국기 2단계 • 형태에 대한 세부적 학습. 　– 세분화된 명칭카드.　– 국가에 대한 연구. 　– 우리가 살고 있는 곳, 강, 산, 해안, 작은 만(bays), 큰 만(Gulfs) 등. 3단계 • 지리 차트를 보고 이야기하기. 　(이 세계는 어떤 기능을 하고 있는가?) 　– 지구의 생성과정을 알아본다. 　– 물과 공기의 작용에 대하여 연구하기. 4단계 • 경제적 측면의 지리. 문화적 지리의 특성을 알아본다. 　– 하나의 인체로서의 인류의 생존에 대하여 알아보기. 　– 국가에 대한 연구를 한다. 　　어떻게 우리가 살아 가는가? 　– 세계 공동체의 협조 체제를 알아본다. 　　ㄱ. 수출 – 수입　　ㄴ. 타국으로의 이민
흥 미 점	지구의 세부적인 형태를 알게 되는 것
실수정정	지리영역 챠트들의 핵심을 이해하지 못할 때

변형 확대 및 응　용	세계 공동체의 이해. • 주요 국가의 자원 생산과 소비. • 주요자원(석유, 식량)	**지도상의 유의점** 지리 차트들의 감각적인 부분(Sensorial Part)의 이해가 특히 중요하다.
		관 찰 (아 동 평 가) 주요국가의 지리적인 형태의 특징을 설명할 수 있는가?

활동(3)

주 제	지리학의 개요(3) -심리적 측면의 지리	대상연령	9~12세
교 구	세계 지형도, 지리영역의 세분화 된 명칭카드, 영역별 명칭카드, 그림 카드, 정의카드		
목 적	직 접	세계에 대한 지식을 얻고 세계를 이해한다.	
	간 접	우주속의 지구의 중요성을 인식한다.	
선행학습	우리가 살고 있는 땅과 물의 형태		
언 어	세계, 물, 땅, 공기		
교구 제시			

활동과정 (상호작용)	제시 : 심리적인 측면의 지리 인식을 돕는 다음의 설명을 한다.(교구를 제시해 가며) • 지리는 지구 표면의 물리적이고 생물학적인 현상을 연구하는 과학이다. 지리는 종종 2차적인 과학의 분야로 여겨지기도 하는데 현실적으로 모든 분야의 과학은 생명을 다루기 때문에 하나로 연결되어져 연구될 때 귀중한 정보를 얻을 수 있다. • 지리는 모든 과학 분야를 통일시키는 위대한 학문이다. • 지리는 사람들이 살고 있는 환경인 지구를 연구하는 학문이다. 이 분야에서 우리는 생물학적, 역사적, 또는 지질학적 측면을 다룰 수 있다. 몬테소리 여사는 "아동에게 세계를 주어라. (Give the World to the Child)"고 역설했다. 지리 영역은 아동에게 세계를 이해할 수 있게 하는 중요한 도입부분에서 특히 주된 역할을 한다. • 몬테소리 지리 영역은 전체적인 윤곽(whole picture)을 보여주는 것으로 시작해서 세부적인 사항(details)의 제시로 이어진다. • 7세 이상의 아이들은 상상력의 힘(the power of imagination)으로 배운다. 아이들은 과학 분야에서 세부적인 지식을 습득하고 전체 우주에 대한 중요성을 인식하게 된다. 그러나 상상력만으로는 아동들에게 추상적 개념을 심어줄 수 없다. 우선 관심을 고조시켜야 한다. 이 과정에서 교사는 아동에게 영적인 만족을 주어야 하며 아동의 영혼에 훌륭한 양분을 제공해야 한다. • 지리는 세계에 대한 진정한 이해와 지혜를 갖게 하며 광범위한 영역의 지식 세계로 아동을 이끌어주는 핵이다. 우리가 아동들에게 전달하는 지리영역은 과학적으로 정확해야 할 뿐만 아니라 아동들의 욕구와 관심도에 맞게 조율되어야 한다. 그러므로 과학(지리)과 심리학의 적절한 융합이 요구되는 것이다. 이를 심리적 측면의 지리(psychology-Geography)라고 한다. • 지구를 완전히 이해했을 때만 지구를 사랑하고 보호할 수 있다. • 심리학적 측면의 지리 – 모든 과학 부분을 큰 그림부터 제시한다. 제시 : 지구에 대한 이해, 지구와 자신과의 상호관계, 지구에 대한 자신의 책임감을 말해 본다.
흥 미 점	우주에서 바라 본 지구의 모습을 보고 지구가 얼마나 아름다운 곳인가를 알게 되는 것.
실수정정	지리학 부분에 관심이 일어나지 못할 때

변형 확대 및 응 용	태양계의 행성들을 의인화한 역할 놀이하기.	**지도상의 유의점**
		지리영역은 과학적으로 정확해야 할 뿐만 아니라 아동들의 욕구와 관심도에 맞게 조율되어야 한다.
		관 찰 (아 동 평 가)
		세계를 바라보는 안목을 가졌는가?

활동(4)

주 제	**땅과 물의 형태 - 1단계 실험** (First Level Experiments)		대상연령	9~12세
교 구	실험방법이 적혀있는 카드, 질문이 적혀있는 카드, 실험결과와 결론이 적혀있는 카드, 실험 교구들이 설명된 카드, 땅과 물이 구분된 지구본 고무찰흙, 물, 빈라면 그릇			
목 적	직 접	땅과 물의 형태를 이해하고 관심을 갖는다.		
	간 접	땅과 물의 소중함을 알고 보호할 수 있다.		
선행학습	실험할 때의 자세 및 마음가짐			
언 어	실험카드, 실험결과, 결론			
교 구 제 시	* 호수의 사진 - (주위에 나무와 숲이 우거진)			

활동과정 (상호작용)	제시 : 땅과 물의 형태 1단계 실험 • 지구본과 지도를 보고 땅과 물을 구분한다. • 땅과 지구의 중요한 점을 알아본다. • 섬호수 반도 등의 특징을 써본다. • 아동들을 위해 먼저 실험을 해 보인다. 아동들은 그 실험을 다시 반복해 볼 수 있다. • 실험에 대한 방법과 절차의 카드를 읽어보기(실험의 결과도 방법 카드 뒷면이나 다른 카드에 적어둔다) • 자신들의 결론을 적은 후에 실험 결과가 적혀 있는 이 카드와 비교해 본다. 똑같은 실험이 아동의 연령이 높아졌을 때 다시 반복되는데 몇몇 부가적인 실험과 더불어 2단계의 실험이 이루어진다. 2단계의 실험은 특정한 주제와 직접적으로 연관되어 있으며 기술적 측면에 보다 더 초점이 맞춘다. • 1단계 실험의 핵심요소는 정서적(emotional)인 것. • 2단계 실험의 핵심요소는 과학적(scientific)인 것. 〈 실험 〉: 섬, 호수, 반도, 만(gulf), 지협, 해협, 만(Bay, 곶) 등을 실제로 만들고 실험한다. • 각 실험을 위해서는 다음의 것들이 필요하다: 　- 실험방법이 적혀있는 카드. 　- 질문이 적혀있는 카드 : 　　"너는 무엇을 관찰하고 있니(What Do You observe)?" 　- 실험결과와 결론이 적혀 있는 카드. 　- 실험에 필요한 교구들이 설명되어져 있는 카드. • 1단계 : 지구에 대한 실험 카드는 오른쪽 구석에 빨강색 숫자로 표시를 한다. • 2단계 : 지리와 직접적 연관되어 있는 실험은 검정색 숫자로 표시를 한다.
흥 미 점	지구에 대한 이야기를 다루는 실험.
실수정정	실험할 때 주의할 점을 잘 지키지 못할 때

변형 확대 및 응 용	땅과 물의 형태의 세부분 카드를 만들어 친구들 앞에서 그룹별로 제시활동을 한다.	지도상의 유의점
		섬, 호수, 반도, 만, 지협, 대협, 만(Bay) 등의 특징을 살려 만들어 본다.
		관 찰 (아 동 평 가)
		실험이 끝난 후에는 실험에 대한 결론을 요약할 수 있는가?

활동(5)

주 제	땅과 물의 형태 - 2단계 실험 (Land and Water Forms)	대상연령	9~12세
교 구	세계지도 8세트(섬, 호수, 반도, 만(Gulfs), 지협, 해협, 만(Bays, 곶 해안)		
목 적	직 접	세계의 땅과 물의 소중함과 땅과 물의 대강의 분포를 알 수 있다.	
	간 접	세계의 땅과 물에 대해 연구활동을 할 수 있다.	
선행학습	찰흙으로 직접 만듦, 모형학습, 3부분카드 만듦, 3부분카드 학습 (모든 땅과 물의 형태에 대해 경험을 한 상태)		
언 어	세계지도, 섬, 호수, 반도, 만(Gulfs), 지협, 해협, 만(Bays), 곶, 해안 정의카드, 명령카드		
교구 제시			

활동과정
(상호작용)
	제시 : 〈 땅과 물의 형태 2단계 실험보기 〉
	• 세계의 땅과 물에 대해 연구 작업을 한다.
	• 세계의 땅과 물의 형태에 관한 챠트 제시
	• 지리 사전(Webster's New Geogaphical Dictionary)을 갖다 놓고 수업을 한다.
	• 만(gulf)
	  - 명칭 카드 나열.
	  - 오류 정정 카드를 보고 명칭 나열.
	  - 명령 카드 사용.
	    ① 공책에 만에 대한 정의를 쓰고 그리시오.
	    ② 세계의 주요 만의 명칭을 적고 색칠하시오.
	    ③ 공책에 세계의 만에 대한 목록을 만들어 적으시오.
	    (알파벳순서나 또는 아동이 선택한 만을 지도상에 표시하시오.)
	    ④ 어느 대륙에 위치해 있는가?
	    ⑤ 만을 둘러싸고 있는 바다나 대양을 조사하시오.
	• 호수인 경우 :
	    ①~④까지는 만과 같다.
	    ⑤ 각각의 호수가 유입되는 대양이나 바다의 이름을 쓰시오.
	    ⑥ 각 호수의 면적을 조사하시오.
	    ⑦ 호수의 면적을 막대 그래프로 나타내시오.

흥미점	지리사전을 보는 것
실수정정	명령 카드에 른 대답을 할수 없을 때

변형 확대 및 응용	• 대륙별로 8개의 땅과 물에 대한 형태를 글로 설명하기 • 정치 지리와 병행하여 연구한다.	**지도상의 유의점** • 명령카드는 교사가 좀 더 많이 사용하고 아동은 모듬 활동을 한다. **관찰 (아동평가)** • 세계의 땅과 물에 대해 연구(research)하기 위한 모듬 활동을 잘 하는가?

활동(6)

주 제	강에 대한 탐구 학습 (River study)	대상연령	9~12세
교 구	대륙의 주요 강에 대한 명칭이 있는 지도 세트, 각 대륙의 주요 강에 대한 명칭이 없는 지도 각 대륙의 주요 강에 대한 분리된 명칭카드, 명령카드(Command Cards), 세계지도, 지구본, 지리 세계 사전		
목 적	직접	각 대륙의 주요 강에 대하여 알 수 있다.	
	간접	강이 인간에게 어떤 영향을 미치는지 이해한다.	
선행학습	땅과 물의 형태		
언 어	수원지, 하구, 지류, 대양, 삼각주, 합류		
교 구 제 시			

활동과정
(상호작용)
	제시 : 강에 대한 교구 제시
	• 각 부분에 대한 명칭 제시
	  - 수원지(sucrce)-물이 처음 시작되는 곳
	  - 하구(mouth)-강이 끝나는 부분
	  - 지류(tributary)-큰 강으로 흐르게 되는 작은 강
	    (예) 오하이오강이 미시시피강으로 흘러들어간다
	    물의 흐름(current)-물의 흐르는 방향-상류(up stream),하류(down steam)
	  - 대양(ocean)-지구의 가장 큰 물의 형태
	  - 바다(sea)-육지에 의해 완전히 혹은 부분적으로 둘러 쌓인 물의 형태
	    삼각주(delta)-강의 하류에 퇴적물이 쌓인 모양
	  - 합류(confluence)-2개의 작은 강이 모여 새로운 강을 만들어내는 곳
	• 아동이 살고 있는 대륙부터 시작한다.
	• 시간의 제약이 있을 경우 호주부터 시작한다. (호주 9개, 아시아 14개, 북미 8개, 남미 13개, 유럽 19개, 아프리카 8개)
	• 명령카드 ① 빈 챠트에 명칭카드 놓기 ② 대륙지도에 명칭 적고, 강 표시하기 ③ 강의 명칭 목록 만들기(알파벳 순으로) ④ 이 강은 어느 대륙을 경유하여 흐르는가? ⑤ 강의 하구는 어디인가? ⑥ 강의 수원지는 어디인가? ⑦ 강의 길이는 얼마인가? ⑧ 그래프를 그리라는 명령카드도 있다.
	• 공책에 활동 제목 쓰기 (name, countryes, mouth, source, length)
	  - 아마존강 : 부피로 보았을 때 세계에서 제일 긴 강, 길이는 라인강이 길지만 물의 양은 더 많다. 길이는 400miles, 하구는 대서양, 큰 삼각주가 형성되어 있다. 아마존강 주변의 지류는 아마존강으로 유입된 페루가 수원지이다. 유칼리강과 메러난 강이 합류하여 아마존강을 만듦, 페루, 콜롬비아, 브라질, 전체를 흐름
	  - 첫 번째 부피가 큰 강이 아마존이라면, 두 번째 큰 강은? (콩고강)
	  - 각 대륙별로 한 개의 대륙을 연구(research)한다.
	  - 각 대륙별 탐구 학습이 끝날 때마다 2개의 test를 한다.
	    ① 빈 챠트에 주요 강의 이름 쓰기.
	    ② 강의 위치를 바르게 표시하기.
	    ③ 다른 물의 형태도 써보기. (대서양, 인도양 등)
	    ④ 미리 만들어 놓은 chart를 보고 open test 하기.

흥미점	아동이 살고 있는 대륙부터 강에 대한 탐구학습에서 각 대륙별 주요 강에 대한 조사 활동.
실수정정	각 부분에 대한 명칭을 확실히 알지 못 할때

변형 확대 및 응 용	각 대륙별로 한 개의 강을 연구(research) 한다. 나의 책 만들기(소책자)	**지도상의 유의점** • 아동이 살고 있는 대륙부터 시작한다.
		관 찰 (아 동 평 가) 각 대륙별 탐구 학습이 끝날 때마다 2개 정도의 강을 정확히 이해하고 있는가?

활동(7)

주 제	**지리영역의 세분화 된 학명** (classified nomenclature)	대상연령	9~12세
교 구	지리영역의 세분화 된 명칭카드, 지형도, 영역별 명칭카드 봉투.		

목 적	직 접	감각적 인상(Sensorial Impression)을 통해서 앞으로 하게 될 지리영역의 학명을 익힌다.
	간 접	지구 표면에 대해 좀 더 과학적인 지식을 이해한다.

선행학습	땅과 물의 형태
언 어	지구의 표면, 수평적 형태, 수직적 형태, 수계, 지구역학, 태양계, 우주, 지층, 대기권, 생물 군계, 기후대
교 구 제 시	

활동과정 (상호작용)	제시 : 지리영역에 세분화된 명칭 학습하기 • 초기에 땅의 형태를 가르치는 유일한 목적은 아이에게 감각적 인상(Sensorial Impression)을 주어서 앞으로 하게 될 명칭학습을 위한 기초를 마련해 주는 것이다. 땅과 물의 형태를 한 쌍씩 짝 짓기 하는 것이 과학적으로 아주 정확하다고 볼 수는 없는데 예를 들어 섬과 호수가 완전하게 상대적인 지식을 제공하게 된다. 이제는 명칭을 배우는 작업과 더불어 아동에게 지구 표면에 대해 좀 더 과학적인 지식을 제공하게 된다. 　　아동에게는 수평적 시야(horizontal view)와 수직적 시야(vertical view)가 모두 필요하다. 그러므로 초기에 했던 땅의 형태에 대한 활동이나 지도에서 간단한 명칭을 학습하는 활동보다 앞으로 하게 될 명칭활동(nomenclature work)은 한 차원 높은 단계에 있다. 명칭을 가르치는 수업에서 교사는 정확한 정의를 주어야 한다. • 명칭 활동에 대한 계획- The Plan of the Nomenclature 　- 1장 : 우리가 살고 있는 지구(The Earth on which we live) 　- 2장 : 지구의 표면(The Surface of the Earth) 　- 3장 : 수평적 형태(Horizontal configurationsd) 　- 4장 : 수직적 형태(Vertical Configurations) 　- 5장 : 수계(-The Hydrosphere) 　- 6장 : 지구역학(geography) • 지리영역의 명칭 학습에 이어지는 활동은: 　- 1차 활동 : 자신이 배운 형태를 그리고 정의를 쓴다. 　- 2차 활동 : 명칭 학습 때 경험했던 것과 똑같은 형태를 자신의 환경속에서 탐구한다. 　- 3차 활동 : 지형도를 이용해 플라스틱 모형을 만든다. (종이, 찰흙 등) • 영역별 명칭카드 봉투 　- 검정색 봉투 : 태양계, 우주, 지층에 관한 명칭 카드 　- 노랑색 봉투(투명한 봉투) : 대기권에 관한 명칭 카드(구름, 바람) 　- 파란색 봉투 : 수권에 관한 명칭카드(모든 물의 형태, 빙하, 여러 다른 물의 형태) 　- 갈색 봉투 : 땅에 관한 명칭 카드(모든 땅,산,산맥, 여러 다른 땅의 형태) 　　　　① 산에 대한 부분 명칭부터 시작　② 비교
흥미점	지구 표면에 대해 좀 더 과학적인 지식을 알게된다.
실수정정	땅, 산, 산맥 등의 정확한 정의를 확실히 알지 못 할때

변형 확대 및 응용	• 아이는 명칭 학습 때 경험했던 것과 똑 같은 형태를 자신의 환경 속에서 탐구한다. • 아이는 지형도를 이용해 플라스틱 모형을 만든다. (종이, 찰흙 등)	**지도상의 유의점** 명칭을 가르치는 수업에서 교사는 정확한 정의를 주어야 한다. **관찰 (아동평가)** 자신이 배운 형태를 그리고, 정의를 쓸 수 있는가?

활동(8)

주 제	**상상의 섬** (Geography pin maps)	대상연령	9~12세
교 구	섬지도를 따라 그리기 위한 라이트 박스, 라이트 박스와 같은 크기의 종이, 편지지 크기의 흰 종이, 세계 지구본 2개(정치, 지형), 세계 평면 지도, 참고 서적		
목 적	직 접	자신이 만든 상상의 섬에 현실적으로 가능한 식물군, 동물군을 선택하고 정치, 경제적인 인간의 발달사를 구성할 수 있다.	
	간 접	섬에 살고 있는 사람들의 이야기를 꾸며 구성할 수 있다.	
선행학습	땅과 물의 형태		
언 어	지구의 표면, 수평적 형태, 수직적 형태, 수계, 지구역학, 태양계, 우주, 지층, 대기권, 생물군계 기후대		
교 구 제 시			

활동과정
(상호작용)
	제시 : 상상의 섬
	• 준비활동
	  - 상상의 섬의 위치를 위선과 경선을 사용하여 만들고 자신의 섬에 이름을 붙인다.
	  - 진흙이나 찰흙으로 자신의 섬을 제작해 본다.
	• 섬의 토양 형태 결정하기.
	  - 섬 안에 산과 곶, 반도등의 지형을 결정한다.
	• 섬의 식물군 결정하기.
	  - 위선과 경선을 이용하여 섬의 기후를 결정한다.
	  - 땅의 고도를 결정한다.
	• 섬의 동물군 결정하기.
	  - 실제로 섬이 위치한 경선과 위선에서 서식하는 동물군을 조사한다.
	  - 고지대에서 사는 동물과 저지대에서 사는 동물을 구분한다.
	  - 물속 동물과 바다에서 사는 동물을 결정한다.
	• 섬에 정착하게 될 원주민 결정하기.
	  - 섬에 최초로 정착하게 된 사람들의 이동 경로를 상상하여 선택하고 언제, 어디서, 누가, 왜 왔는지 역사를 만들어 본다.
	• 이후의 침략이나 이주에 대한 것을 계획하기.
	• 섬에 정착한 사람들의 식량문제를 계획하기.
	• 섬에 정착한 사람들의 의복 문제를 계획하기.
	• 섬에 정착한 사람들의 주거 형태 계획하기.
	• 섬에서의 교통 수단 계획하기.

흥미점	자신이 직접 자신의 섬을 만들고 자신의 정치력을 발휘하여 여러 가지 역사를 만들 수 있다는 것.
실수정정	지형의 형태나 위선, 경선의 위치에 맞는 기후와 식물군, 동물군을 선택하도록 한다.

변형 확대 및 응용	농업, 축산업, 제조업, 수공업, 임업, 광업, 무역, 주변 국가와의 관계, 유통되고 있는 화폐, 정부의 형태, 이곳 사람들의 관습, 예술, 언어, 의사소통 형태, 주변의 섬이나 본토와의 의사소통 문제, 아이들의 교육 문제, 섬에 살고 있는 사람들의 역사 등의 관심있는 주제 중 한 가지씩 선택하여 나의 책을 만든다.	**지도상의 유의점** 섬에 사는 식물군과 동물군을 정할 때 상상의 동물과 식물을 만드는 것이 아니라 실제 그 지대의 동물과 식물을 선택한다. **관찰 (아동평가)** 지리 영역에 대한 합리적인 지식 체계를 가지고 있는가?

활동(9)

주 제	지리영역의 핀맵 (geography pin maps)		대상연령	9~12세
교 구	나무로 된 대륙 지도 시리즈			
목 적	직 접	대륙의 이름과 각 대륙의 주요 국가의 이름을 안다.		
	간 접	세계의 주요 산과 강, 호수 등의 이름과 위치를 안다.		
선행학습	• 대륙 퍼즐 지도와 각 대륙별 명절 조사 • 명절은 종교에서 기인한다.			
언 어	나라, 수도, 도시, 대륙			
교 구 제 시				

활동과정 (상호작용)	제시 : 지리영역의 핀맵(pin map) • 기하 도형 서랍 상자처럼 되어 있는 pin map 서랍이 있다. 　- 대륙별로 지도가 한 개씩 있다. 　- 주요 강, 대양의 이름 등이 명시 되어 있다. 　- 수도 및 도시의 명칭 카드도 들어 있다. 　　□　　　　□　　　　□　　　　□ 　산이름　　나라이름　　수도이름　　강, 바다이름 　(노란색)　(초록색)　　(빨강색)　　(파란색) • 남미의 백지도 위에 명칭 기록하기. 　- 큰 지도를 그려 함께 작업하는 것이 좋다. 　- 한 나라에 대한 연구. 　- 질문에 대해 project 하기. 　　(예) 쿠바의 지도를 그리고 주변국의 명칭을 붙이시오. 　　　　주요 강과 호수를 그리시오. 　　　　식물군, 동물군에 대해 조사하시오. 　　　　(남미 지도를 주고) 쿠바를 표시하시오 등 　- 생동감 있게 지도한다.
흥 미 점	각 대륙의 주요 국가와 큰 강, 큰 도시, 큰 호수 등을 알게 되는 것.
실수정정	선택한 백지도 위에 원하는 강과 호수를 그리지 못할 때

변형 확대 및 응　용	각 국가의 이름과 역사면, 지리면, 정치면, 경제면 등에 한가지씩 선택하여 나의 책을 만든다.	**지도상의 유의점**
		다양한 활동을 통해 이해의 폭을 넓히도록 한다.
		관 찰 (아 동 평 가)
		대륙별로 나라들의 색깔이 다름을 이해하는가?

활동(10)

주 제	반구 활동	대상연령	9~12세
교 구	핀 맵, 자몽, 칼, 종이		
목 적	직 접	반구의 의미를 알고 반구에 있는 대륙의 지형을 알 수 있다.	
	간 접	지구의 지형을 알기 위해 경선, 위선 등의 보조 수단을 사용함을 안다.	
선행학습	지형에 대한 학습		
언 어	반구, 동반구, 서반구, 남반구, 북반구		
교구 제시			

활동과정 (상호작용)	제시1 : 반구에 대한 작업 • 핀맵 서랍에서 반구지도를 꺼내어 각 반구에 대륙과 바다에 대한 명칭 카드를 놓는다. • 시각적 제시 – 자몽을 반으로 잘라 반구임을 지칭하고 각 반구의 지도를 그려본다. 경선 0° 즉 본초 자오선을 찾아 그린다. • 북반구, 남반구 혹은 동반구, 서반구로 나누어 본다. • 북회귀선(적도에서 북쪽으로 23.5°) 남회귀선(적도에서 남쪽으로 23.5°) 찾기. 제시 2 : 반구에 대한 지리 과제 • 지도에서 적도 찾아보기. • 지구를 동반구와 서반구로 나누어 대륙을 찾아보기. • 자오선을 그려보고 자오선 0°를 표시하기 (그리니치 천문대 통과) • 경선과 위선을 사용하여 지도상에서 도시 찾아보기.
흥 미 점	자몽을 이용해 반구의 의미를 파악하는 것
실수정정	지구의 지리적 위치에 대한 정확한 표기

변형 확대 및 응 용	세계 여러 곳의 주요 산과 강 등이 어느 대륙, 어느 나라에 있는지 알아보기	지도상의 유의점
		자신이 살고 있는 위치를 중심으로 반구에 대하여 지도한다.
		관 찰 (아 동 평 가)
		반구의 의미를 알고 지도상에 지리적 위치를 정확히 표기할 수 있는가?

활동(11)

주 제	지리영역에서의 리서치 활동 (geography research activities)		대상연령	9~12세
교 구	기후대 지도, 식물군 지도, 여행 안내문, 패션, where am I 카드			
목 적	직 접	여러 나라의 기후와 식물을 안다.		
	간 접	세계 여러 나라의 풍습 및 문화에 관심을 갖고 연구하는 태도를 기른다.		
선행학습	6대륙의 이름 알기 대륙별 주요 나라의 이름과 수도 알기			
언 어	기후, 식물, 동물, 인구, 교육			
교 구 제 시	〈 나라의 연구 〉 Research of a Country			

활동과정
(상호작용)
	제시1 : 지리영역에서의 Research 활동하기
	• 소그룹으로 핀 맵(pin map)의 내용에 대한 퀴즈 활동
	   – 교사와 아이들이 함께 프로젝트의 윤곽을 잡아 기간을 정한다.
	   – 프로젝트가 완성되면 전체 그룹에게 발표를 하도록 한다.
	
	제시2 : 가능한 리서치 활동의 주제
	   – 토속 동물들의 서식지에 대한 조사.
	   – 땅의 형태에 대한 조사.
	   – 상상의 여행 일기 쓰기.
	   – 세계 여러 나라의 인구 조사하기.
	   – 세계 여러 나라의 화폐 종류 조사.
	   – 세계 위인들의 출신국 조사.

흥 미 점	상상의 일기는 역사, 동물, 환경보호 정부의 형태, 국기 등을 다룰 수 있다
실수정정	기후대에 따른 식물의 성장 특성을 이해하지 못할 때

변형 확대 및 응 용	세계 여러 곳의 주요 산과 강 등이 어느 대륙, 어느 나라에 있는지 알아보기	지도상의 유의점
		여행한 경험을 많이 발표시켜 수업에 활용하도록 한다
		관 찰 (아 동 평 가)
		대륙별로 나라들의 색깔이 다름을 이해하는가?

활동(12)

주 제	지도 사용에 필요한 기술 (Map Skill)	대상연령	9~12세
교 구	땅과 물의 형태, 지구본, 잡지와 백과 사전		
목 적	직 접	지도, 사진, 그림, 도표와 그래프 등으로 지리적 정보를 이해하고 해석할 수 있다.	
	간 접	다양한 활동을 통해 지도 사용법을 안다.	
선행학습	강에 대한 학습		
언 어	축척, 위도, 경도		
교 구 제 시			

활동과정
(상호작용)
	제시: 지리적 정보의 이해와 해석하기
	1. 땅과 물의 형태를 먼저 알아야 한다.
	2. 다양한 지도를 이용한다.
	  ① 인구 지도를 읽는다.
	  ② 연중 강수량이 많은 곳 – chart # 35, 3
	    – 파란색 : 가장 많은 곳
	    – 녹색
	    – 주황색 : 가장 적은 곳
	  ③ 농산물, 특산물 지도(농산물 stamp가 있다.)
	  ④ 정치 지도.
	  ⑤ 물리적 지도 – 호수, 강, 산맥, 고원, 저지대.
	  ⑥ 생물군계 – 기후대에 따라 어떤 다른 지역이 생기는가?
	  ⑦ 온도(신문 활용)
	  ⑧ 교통 – 교통 수단과 거리 계산.
	3. 그래프(graph)를 사용하는 기술(원, 막대, 선, 그림)

흥 미 점	지도를 보고 지도가 주는 정보를 읽을 수 있다.
실수정정	지도의 방향을 알지 못할 때.

변형 확대 및 응 용	• 지도 빨리 찾기 (호수, 강, 산맥, 고원, 도시명) • 교통로를 이해하고 여행 계획을 세워보기 • 기후대에 따른 식물 조사.	지도상의 유의점
		단위 시간에 너무 많은 학습량을 제시하지 않는다.
		관 찰 (아 동 평 가)
		지도의 사실을 정확히 읽는가?

활동(13)

주 제	표준 시간대 차트	대상연령	9~12세
교 구	표준 시간대 차트 , 모형시계		
목 적	직 접	챠트를 통해 시간대별로 지구상의 표준 시간대를 이해한다.	
	간 접	우리나라의 표준 시간대를 알고 다른 나라와의 시차를 이해한다.	
선행학습	지도 사용에 대한 기술		
언 어	표준 시간		
교 구 제 시			

활동과정 (상호작용)	제시: 〈지구상의 표준 시간대 제시〉 - 차트는 24개 부분으로 나뉘어져 있다. • 6~9세 때, chart 중에서 지구의 반이 낮이고 지구의 반은 밤이었지? 　- 밤 : 검정색 띠 시계　　낮 : 노랑색 띠 시계 　- 가능한 시간 제시. 　- 춘분과 추분은 낮과 밤이 12시간씩 된다. 　　그러나 지구가 23.5° 기울어졌기 때문에, 여름·겨울의 낮과 밤 시간이 달라진다. 　　(지구를 시간대 별로 나눈 챠트 제시) 　　자신이 살고 있는 곳을 낮으로 놓고 카드를 나열한다. 　- 시계를 나열한다. 　- 도시명이 나와 있는 지도로 학습하는 것이 좋다. 　- 모스크바가 저녁 6시라면, 신시내티는 몇 시일까? 오전 10시 　(예) 9일의 10시인지, 10일의 10시인지에 대해 설명을 해준다. 　- 서울이 10시 30분이라면 신시내티는 밤 9시가 된다. 　- 여행을 많이 하는 아동이라면 시간대 개념을 빨리 이해하나, 그렇지 않으면 이해가 어렵다. 　- 시간대를 이해한 상태에서는 시계나 시간 띠가 필요치 않으므로 말로만 표현한다. 　- 미국은 시간대가 4개이나, 한국은 1개이다. 　- 진짜 시간대의 모습은 구불구불한 직선이다. 　　(나라를 기준으로 표준 시간대를 맞추기 때문에 선이 구부러진다.)
흥미점	자기가 좋아하는 나라의 현재 시간을 알아 보는 것
실수정정	한 지구내에서도 시간대가 서로 다른 까닭을 이해하지 못했을 때

변형 확대 및 응용	각 나라의 시차 계산하기.	지도상의 유의점
		너무 많은 학습량을 제시하지 않는다.
		관찰 (아동 평가)
		표준 시간대를 정확히 이해하는가?

지리 101

활동(14)

주 제	경제적 측면의 지리		대상연령	9~12세
교 구	필기구, 노트, 조사대상 지역의 지도, 생산품이 그려진 스탬프			
목 적	직 접	조사 대상 지역의 경제적 측면을 조사할 줄 안다.		
	간 접	지리와 경제의 관계성을 안다.		
선행학습	6~9세 정치 지리			
언 어	산업에 대한 구분-서비스, 상품, 농업, 수산업 등			
교 구 제 시				

활동과정 (상호작용)	제시 : 〈 경제적 측면의 지리-Economic Geography 〉 – 노트를 세로로 세 부분으로 나눈 후에 세 가지 제목을 적고 각 제목 밑에 올 수 있는 여러 가지 것들을 적는다. – 상품, 서비스, 소비, 생산, 분배와 같은 어휘의 정의를 적는다. – 조사지역지도를 두 장 그린다. 그 중 한 지도에는 생산되는 생산물들의 명칭을 적고 다른 한 지도에는 생산물들의 그림이 새겨진 도장을 이용해 그 지역의 농산물의 명칭을 적는다. – 다른 곳을 선택하여 위와 마찬가지 방법으로 작업한다. – 다음에는 '나라' 의 지도 세 장을 준비한다. 각각에는 다른 생산물이 가장 많이 나는 지역을 표시하고 노트에 각 산물에 대해 적고 그 산물이 어떻게 활용되는가 등에 대한 내용을 적는다. – 다음에는 세계 지도 세 장을 준비한다. 첫 번째 지도는 '세계의 밀 생산' 이라는 제목으로, 나머지 두 지도는 자신이 원하는 산물을 선택해서 작업한다. 각 산물이 생산되는 지역에 색칠을 하고 그 산물들에 대해 적는다. 각 산물을 가장 많이 생산하는 나라들의 리스트를 만들어 보고 그 산물들을 가장 많이 소비하는 나라들의 리스트도 만들어 본다. – 하나의 산물을 정해서 자세히 리서치를 한 후에 전체 그룹에게 발표한다.
흥미점	지역에 따라 생산되는 것들이 어떻게 다른가 하는 점.
실수정정	적당한 참고 서적을 선택하도록 하는 점.

변형 확대 및 응 용	생산물의 이동에 대해서 알아보기.	**지도상의 유의점** 조사하는 과정에서 충분한 자료와 시간을 확보하도록 한다. **관 찰 (아 동 평 가)** 지도의 올바른 지점에 표시하는가?

활동(15)

주 제	상호 의존 관계 (Interdependencies)	대상연령	9~12세
교 구	카드(빵굽는 사람, 방앗간 사람, 농부, 상점에서 일하는 사람), 빵만들기 이야기 활용 카드 B-1, 종이로 만든 큰 원, 색연필 세트, 자, 8-12종류의 직업카드, 동전상자, 빨강색 컵		
목 적	직 접	상호 의존하며 경제가 이루어짐을 안다.	
	간 접	생산물의 이동과 의존 관계를 안다.	
선행학습	6~9세 경제적 지리		
언 어	여러 가지 직업 이름		
교구 제시	(mechanic / transport / assist. / shopkeeper, baker, miller, farmer 구조도)		

활동과정 (상호작용)	제시 : 〈경제의 상호의존 관계 알아보기〉 • 제시1: 우리는 누구로부터 양식을 얻는가? • 제시2: 농부는 무엇을 필요로 하는가? • 제시3: 농부는 무엇을 생산하는가? • 제시4: 서비스의 상호 의존성 • 제시5: 물물 교환에서 화폐에 이르기까지 • 제시6: 세금과 공공서비스	
흥 미 점	사회의 상호 의존성과 우리가 서로 의존하며 살아간다는 점.	
실수정정	우리가 살아가는 사회에서는 혼자 살아갈 수 없다는 것.	
변형 확대 및 응 용	주변에서의 상호 의존 관계에 대해 알아보기.	**지도상의 유의점** 전혀 무관해 보이는 직업간에도 상호 의존 관계를 생각해보도록 한다. **관 찰 (아 동 평 가)** 사회는 상호 의존적인 관계로 이루어져 있음을 아는가?

활동(16)

주 제	**바람의 형성(1)** -대기의 대순환	대상연령	9~12세
교 구	기능지리 챠트29-31		
목 적	직 접	열에 따라 공기가 이동함을 안다.	
	간 접	공기도 무게가 있음을 안다.	
선행학습	6~9세 기능 지리		
언 어	저기압, 고기압, 압력		
교 구 제 시			

활동과정
(상호작용)
	제시 : 〈 대기의 대순환 알아보기 〉
	• 챠트 29
	  - 바람의 현상을 인상적으로 보여준다
	  - 극에는 에스키모와 펭귄이 있다. - 바람은 대기의 압력에 의해 생긴다.
	  - 공기가 더운 곳은 위로 공기가 이동하여 저기압이 발생한다.(적도 부분)
	  - 올라간 더운 공기 자리에 무엇인가를 채워주어야 한다.
	  - 그래서 더운 공기가 양극으로 옮겨가며, 극 쪽의 차가운 공기가 내려온다
	  - 극으로 간 더운 공기는 다시 차가워져서 적도쪽으로 움직인다.
	
	• 실험 23) 공기도 무게가 있다.
	  ① 풍선 2개를 분다.
	    - 그 중의 하나에 테이프를 붙인다.
	    - 테이프를 붙인 자리에 핀을 꽂는다. 천천히 바람이 빠지면서 기운다.
	  ② 2개의 풍선을 분다.
	    - 그 중 하나를 터뜨린다.
	      → 공기가 빠진 쪽의 풍선은 위로 올라가고, 무거운 쪽이 아래로 내려간다.
	• 공기의 압력에 의해 종이가 떨어지지 않는다.
	
	• 챠트 30)
	  - 파란색 : 차가운 공기. - 빨간색 : 뜨거운 공기.
	  - 뜨거운 공기가 양극으로 가고, 차가운 공기가 적도로 이동한다.
	
	• 챠트 31) 적도와 두 회귀선이 있다.
	  - 적도의 뜨거운 공기가 회귀선 쪽으로 이동한다.
	  - 차가워진 공기는 북쪽에서 내려온다.
	  - 극 쪽의 공기와 적도 쪽 공기가 만나 회귀선 부근에서 충돌을 한다.
	  - 이러한 바람을 적도풍 이라고 한다.(적도 ↔ 극)
	  - 회귀선과 극 사이에서도 바람이 분다.(편서풍)
	  - 지구의 자전에 의해 바람이 똑바로 이동하지 않는다.
	
	• 실험 24)
	  - 뜨거운 모래와 얼음을 각 용기에 담는다.
	  - 용기의 삼면을 막는다. - 향에 불을 붙인다.
	  - 향은 각 용기 사이에 둔다.(수직이나 수평 상관이 없다.)
	    → 연기가 뜨거운 모래 쪽으로 이동하여 올라가 얼음 쪽으로 이동
	    → 해풍(sea breeze) : - 낮에 부는 바람(바다 → 육지)
	1. 위의 실험과 반대로 한다.
	2. 육풍(land breeze) : - 밤에 부는 바람(육지 → 바다)
	3. 육지는 빨리 식지만 물은 빨리 식지 않는다.

흥미점	공기도 무게가 있다는 것을 아는 것.
실수정정	풍선의 바람이 잘 빠지지 않을 때.

변형 확대 **및** **응 용**	컵에 종이를 덮은 후 거꾸로 드는 실험.	**지도상의 유의점**
		풍선을 너무 세게 불어 터뜨리지 않는다.
		관 찰 (아 동 평 가)
		공기는 열에 따라 어떻게 이동하는가? 공기도 무게가 있다는 사실을 실험을 통해 이해하는가?

지리 107

활동(17)

주 제	바람의 형성(2) -지역풍	대상연령	9~12세
교 구	기능지리 챠트 32, 33		
목 적	직 접	육지와 바다에서의 바람의 형성을 안다.	
	간 접	물과 공기의 이동을 안다.	
선행학습	기능지리 챠트 29		
언 어	회귀선, 적도풍, 편서풍		
교구 제시			

활동과정 (상호작용)	제시 : 〈 해풍과 육풍(지역풍)에 대한 설명 〉 • 챠트 32) - 낮 동안 땅이 먼저 더워져 육지 공기가 상승, 바다쪽에서 땅쪽으로 불어옴. - 해풍. - 보트는 땅 쪽으로 가고, 연기도 땅 쪽으로 흐른다. • 차트 33) - 밤에 물이 열을 함유하여 땅보다 따뜻하고, 땅은 빨리 식어버린다. - 육풍. - 보트는 바다 쪽으로 가고, 연기도 바다 쪽으로 흐른다. • 실험 - 모래와 얼음이 담긴 그릇. - 얼음과 모래의 온도차를 이용한 지역풍 실험.	
흥미점	낮과 밤에 부는 바람이 다르다는 것.	
실수정정	해풍과 육풍의 구별이 인식되지 않을 때	
변형 확대 및 응용	- 연필 끝에 동그란 종이 꽂기. - 연필 돌리기. - 종이 위에 식용 색소 떨어뜨리기.	**지도상의 유의점** 해풍과 육풍이 부는 원인에 관심을 갖게한다. **관 찰 (아 동 평 가)** 해풍과 육풍이 부는 까닭을 이해하는가? 바람의 방향은 감지하는 방법을 아는가?

활동(18)

주 제	바람의 형성(3) -계절에 따른 대기의 순환	대상연령	9~12세
교 구	기능지리 챠트 34, 35, 36, 37		
목 적	직 접	계절에 따라 대기의 움직임을 안다.	
	간 접	물과 공기, 열의 작용을 안다.	
선행학습	기능지리 챠트 30, 31, 32, 33		
언 어	무역풍, 몬순 기후		
교 구 제 시			

활동과정 (상호작용)	제시 : 〈 계절에 따른 대기의 순환 알아보기 〉 • 챠트 34) 　- 적도에 태양이 있을 때, 봄, 가을이 된다. 　- 화살표는 바람을 나타낸다. 　- 적도와 회귀선 사이에는 무역풍(steady)이 분다. 　- 무역풍이 부는 곳은 항상 덥고, 바람의 방향을 예측할 수 있다. 　- westerlies(무역풍) : 기후대가 여러 개이기 때문에 바람의 방향을 예측하기 힘듦. • 챠트 35) 　- 태양이 북회귀선 상에 있다.(북반구가 더 덥다) 　- 거대한 물의 형태를 이동하는 바람이 비를 만든다. 　- 땅이 더워지면서 해풍이 불게 되고, 공기가 수분으로 가득찬다. 　- 이 때, 몬순(monsoon)기후에 대해 이야기한다. 　- 몬순 기후대 표시 　- (예) 인도는 뜨거운 공기가 이동해 저기압을 형성한다. • 챠트 36) 　- 태양이 남회귀선 상에 있다. 　- 두 chart의 비교 (바람, 강수량에 대해서 한 달 과정으로 학습) 　- 이 지역은 절대적으로 비의 영향을 받는다. 　- 남회귀선에 태양이 비출 때, 인도 쪽으로 이동한 공기가 호주쪽으로 이동한다. • 챠트 37) 　- 작업 판(태양그림, 빨강·파랑 화살표 set가 필요하다)
흥 미 점	태양의 위치에 따라 공기가 이동하는 것.
실수정정	작업판을 갖고 학습할 때 해당되는 기능지리 챠트로 오류 정정을 한다.

변형 확대 및 응 용	계절과 관련된 공부를 할 때 바람과 강수량에 대해 알아보기.	**지도상의 유의점** 태양이 회귀선 어디에 있는지 꼭 확인하도록 한다. **관 찰 (아 동 평 가)** • 태양의 위치에 따라 공기가 이동함을 아는가? • 공기의 이동에 따른 바람의 형성을 아는가?

활동(19)

주 제	바람의 작용		대상연령	9~12세
교 구	기능 지리 챠트 38, 39, 40			
목 적	직 접	바람의 작용으로 해류가 형성됨을 안다.		
	간 접	물과 공기의 작용을 안다.		
선행학습	기능 지리 챠트 34, 35, 36, 37			
언 어	해류, 한류, 난류			
교 구 제 시				

활동과정 (상호작용)	제시 : 〈 바람의 작용 알아보기 〉 • 챠트 38) 　물이 커다란 육지와 만날 때 어떤 해류가 형성되는가? 　　- 피의 순환과 해류의 이동 비교하기 　　- 인체에서 정화된 피는 온몸으로, 더러워진 피는 폐로 모이는 과정을 반복한다. 　　- 난류는 따뜻한 물을 찬 지역으로 이동시킨다. 　　　(찬물을 따뜻한 지역으로 이동시킨다.) 　　- 난류는 적도 부근에 형성된다.　- 차가운 육지, 따뜻한 해풍을 만든다. 　　- 한류는 남미, 호주, 아프리카 쪽에서 발생한다. (차가운 공기의 이동) 　　　(예) 50° ~ 60°N의 런던 　　　　　- 눈이 잘 안온다. 　　　　　- 따뜻해진 해류가 영국 쪽으로 온다. 　　　　　　그래서 비가 많이 내린다. 　　　　　- 따뜻해진 난류나 공기가 비를 형성한다. 　　　　50°N 시애틀 　　　　　- 일본에서 형성된 난류가 시애틀과 만난다. 　　　　　- 런던과 비슷한 이유　　- 따뜻하고 습하다. 　　- 한류가 더운 대륙을 만나면 온도가 내려간다. 　　- 지구본에는 한류, 난류가 표시되어 있다. • 챠트 39) 　해류의 이름이 나타나 있음. 　　- 지구본과 챠트의 비교　　　- 지구본에 명명해 보기 챠트 40) • 바람의 침식 작용 　　- 사막의 사막 폭풍처럼 강한 바람에 의해 모래 등이 침식된다. 　　- 바람도 흙의 부분을 모두 이동시킨다. 　　- 바람이 물을 이동하여 흙들에 영향을 준다.	
흥 미 점	해류의 이름이 서로 다르다는 것.	
실수정정	바닷물의 흐름에 방향이 있음을 이해하지 못할 때	
변형 확대 및 응 용	• 지구본에 해류에 대한 명칭 붙여보기. • 해류에 대한 형성을 실험하기.	지도상의 유의점
		해류는 공기의 이동으로 난류, 한류로 나누어짐을 알려준다.
		관 찰 (아 동 평 가)
		해류가 형성되는 원인을 이해하는가?

활동(20)

주 제	비의 형성		대상연령	9~12세
교 구	기능지리 챠트 41, 42, 43. 44			
목 적	직 접	비의 형성을 안다.		
	간 접	물과 공기의 형성을 안다.		
선행학습	기능지리 챠트 38, 39, 40			
언 어	건조, 습윤, 해안선			
교 구 제 시				

활동과정 **(상호작용)**	제시 : 〈 비의 형성 과정 알아보기 〉 • 챠트 41) 　육지로 공기가 이동을 한다. 　- 산과 만나기도 하고, 산 가장자리를 타고 내리기도 한다. 　- 공기가 산꼭대기로 이동, 수분과 만나면 방출되어 비가 내린다. 　- 그래서 산의 한쪽 면은 비가 내리고, 다른 쪽은 건조한 공기가 내려간다. 　- 산의 한쪽은 푸르고, 다른 쪽은 사막인 경우가 있다. 　- 산맥을 따라 반대인 현상이 생긴다. • 챠트 42) 　- 물과 해안선 공기가 만나면 비가 내린다. 　- 해풍이 불 때 공기의 습도가 높다. 　- 산을 만나면 공기가 위로 이동해서 비가 많이 내린다. 　- 시애틀에서 주로 일어난다. • 챠트 43) 　- 습하고 날씨가 더운 지역에서는 수분의 증발이 강하다 • 챠트 44) 　- 하루에 한 번씩 비가 온다.(플로리다 반도 - 오후에 1번 씩 짧은 소나기가 온다.) 　- 뜨거운 공기가 식으면서 비가 내린다.
흥 미 점	수분의 증발이 강하여 비가 온다는 것.
실수정정	습하고 날씨가 더운 지역의 기후를 알아볼 때.

변형 확대 **및** **응　용**	여러 가지 상황을 연구하여 비가 만들어지는 상황을 실험한다.	**지도상의 유의점**
		실험시 변화되는 시간을 충분히 갖고 관찰하도록 한다.
		관 찰 (아 동 평 가)
		비가 형성되는 과정을 이해하가?

활동(21)

주 제	세계의 강과 유럽의 강	대상연령	9~12세
교 구	기능지리 챠트 45, 46, 47		
목 적	직 접	세계의 강과 유럽의 강의 흐름에 대해 안다.	
	간 접	물과 공기의 작용을 안다.	
선행학습	기능지리 챠트 41, 42, 43, 44		
언 어	고지대, 저지대, 운하		
교 구 제 시			

활동과정 (상호작용)	제시 : 〈 유럽의 강 알아보기 〉 • 챠트 45) – 많은 강물이 육지를 지나며 흐른다. – 비가 내리면 그것의 대부분을 강이 보유한다. – 높은 지역의 강물이 저지대로 흐른다. – 강물은 호수로 이동하기도 한다. – 초록색 : 저지대 – (노랑) : 고지대 • 챠트46) – 유럽의 주요 강이 표시되어 있다.(큰 강만 표시) – 평면 지도이긴 하나 흐르는 방향을 안다 • 챠트 47) – sponge를 물에 담갔다가 짠다. – sponge의 구멍을 운하라고 생각한다면, 얼마나 많은 물이 있는가 상상할 수 있다.	
흥 미 점	지구에 얼마나 많은 물이 있는가?	
실수정정	물의 흐름은 방위에 따른 것이 아니라 땅의 고저에 따른 것이라는 점을 이해하지 못할 때	
변형 확대 및 응 용	백지도에 아시아 대륙의 강 표시하기.	**지도상의 유의점** 챠트 46은 평면지도이나 물이 흐르는 방향을 알 수 있다는 것을 인지시킨다. **관 찰 (아 동 평 가)** • 물의 이동에 대해 아는가? • 유럽에는 어떠한 강이 있는지 이해하는가?

활동(22)

주 제	세계의 주요 강 (The Main Rivers of The World)		대상연령	9~12세
교 구	기능지리 챠트 48			
목 적	직 접	강이 어떻게 생성되었는지 안다.		
	간 접	물과 공기의 작용을 안다.		
선행학습	기능지리 챠트 45, 46, 47			
언 어	시내, 호수, 강, 바다			
교 구 제 시				

118 몬테소리

활동과정 (상호작용)	제시 : 〈 강의 생성과정 알아보기 〉 • 챠트 48) – 강이 처음 생겼을 때는 아주 작았다. 그러나 엄청난 에너지가 있었다. 우리는 그것을 '시내'라고 불렀다. 그것은 빨리 흘렀다. 시냇물이 흐르면서 모든 것을 집어삼키며 흘렀다. 호수가 바다로 흘러 들어갔다. 시냇물이 나이를 먹게 되었다. 유용한 강이 되었다. 여전히 강물의 속도는 빨랐다. 그러나 예전처럼 빠르지는 않았다. 엄청난 에너지와 흙, 모래가 있었다. 그러나 큰 배가 떠다닐 만큼 물을 많이 갖고 있지 않았다. 아주 오랜 세월 뒤에 어른 강이 되었다. 이 강은 점점 깊어지고 넓어졌다. 여전히 거대한 양의 모래나 흙을 운반한다. 나이가 먹은 강은 천천히 흐른다. 아주 지쳐 있으며, 강하지 않다. 바위들을 움직여 휩쓸어 가는 대신에 모래나 흙을 강 양옆으로 이동시킨다. 이제는 강이 깊어져서 배가 항해할 수 있게 되었다. 때로는 이 강물은 움직이지 않고 고정된 모습을 하고 있다. 대양에 닿을 힘조차 없었다.
흥 미 점	강이 어떻게 만들어졌는지 알 때.
실수정정	강이 생기는 까닭을 이해하지 못할 때

변형 확대 및 응 용	• 여러 다른 종류의 강 리서치 하기. • 강에서의 문명의 발생에 대해 조사하기.	지도상의 유의점
		학습의 양을 적절히 조절하여 무리하지 않는다.
		관 찰 (아 동 평 가)
		세계의 주요 강들이 어떻게 형성되었는지 이해하는가?

활동(23)

주 제	유수의 침식 작용	대상연령	9~12세
교 구	기능지리 챠트 49, 50, 51, 52		
목 적	직 접	물의 침식 작용을 안다.	
	간 접	물과 공기의 작용을 안다.	
선행학습	기능지리 챠트 48		
언 어	침식, V자 계곡, 협곡, 흙기둥		
교 구 제 시			

활동과정
(상호작용)
	제시 : 〈 유수의 침식 작용 알아보기 〉
	• 챠트 49)
	  – 물은 챠트의 사람과 같다.
	  – 모래나 흙 등이 강물에 의해 하구로 간다.
	
	• 챠트 50)
	  – 강 상류에 많은 침전물 등이 모여 V자 모양의 계곡이 생긴다
	
	• 챠트 51)
	  – 물살이 빠르고 사암이 있는 곳에 생긴다.
	  – 사암으로 인해 건조하고 식물이 자라지 않는다.
	  – 물살에 의해 생긴 굴 같은 것이 협곡이다.
	  – 오히려 강이 작게 보인다.
	  – 물이 땅의 형태를 바꾼다.
	
	• 챠트 52)
	  – 물은 침식작용을 일으킬만한 엄청난 힘을 갖고 있다.(V 계곡, 협곡)
	  – 땅의 구조도 바꾼다.
	  – 물이 흐르면서 주위의 흙이 씻겨 내려간다.
	  – 그러면서 흙 기둥이 생긴다.
	  – 그 위에 단단한 암석은 깎이지 않고, 사암 위에 남아있게 된다.
	  – 비가 와도 흙 기둥 위의 바위가 비를 막아주므로 흙 기둥에는 아무 변화가 없다.

흥 미 점	물의 침식으로 인해 땅의 형태가 변한다는 것.
실수정정	침식의 용어 정의를 알지 못할 때

변형 확대 및 응 용	흙기둥 만들어보기.	**지도상의 유의점**
		V자 모양의 계곡과 협곡의 차이를 이해시킨다.
		관 찰 (아 동 평 가)
		물의 침식으로 인해 땅의 모양이 변한다는 것을 이해 하는가?

지 리 121

활동(24)

주 제	**빙하의 침식 작용**		대상연령	9~12세
교 구	기능지리 챠트 53, 54, 55, 56, 57			
목 적	직 접	빙하에 의한 침식 작용을 안다.		
	간 접	물과 공기의 작용을 안다.		
선행학습	기능지리 챠트 49, 50, 51, 52			
언 어	해빙, 종착 퇴석, 측면 퇴석			
교구 제시				

활동과정 (상호작용)	제시 : 〈 빙하의 침식작용 알아보기 〉
	• 챠트 53)
	  - 빗물이 땅의 틈을 메꾸어 준다.
	  - 그러나, 사람들은 잘 모른다.
	  - 땅 속의 물은 어린아이처럼 조용히 흐른다.
	  - 겨울이 되면 얼음이 얼게 되고, 부피가 커진다.
	  - 우리는 땅 속에 이런 일이 있다는 것을 모른다.(작은 돌은 균열이 생긴다.)
	• 챠트 54
	  - 물이 녹으면 해빙이 된다.
	  - 겨울 내내 잠을 잘 잔 어린아이의 모습과 같다.
	  - 해빙이 되면서 조각들이 쪼개져 흩어지게 된다.
	  - 물이 차지하는 공간이 늘어난다.
	  - 해빙이 되면서 산사태가 일어나게 된다
	• 챠트 55
	  - 얼음은 굉장한 힘을 갖고 있다.(콘크리트나 바위를 부술 정도이다)
	  - 얼음은 지구의 모양을 바꿀 수도 있다.
	  - 빙하는 V 계곡을 만든다.(빙하도 강물의 흙을 꺾아 내리며 이동한다.)
	  - 빙하는 강 측면까지 깎아 내린다.
	  - 빗물로 인한 강이나 강물은 한 곳을 집중적으로 깎아 내린다.
	• 챠트 56
	  - 빙하에 의한 종착 퇴석이 생긴다.(Moraines)
	  - 흙과 모래를 몰고 가서 생긴 것이다.
	  - 빙하가 끝나는 지점을 과학자들은 예측할 수 있다.
	  - 측면에 바위나 흙이 쌓이는데, 이것을 측면 퇴석이라고 한다.
	• 챠트 57
	  - 빙하가 녹아 강물을 형성한다.
	  - 밑 부분에 많은 돌이 쌓인 것을 볼 수 있다.
	  - 물은 높은 곳에서 낮은 곳으로 흐른다.

흥미점	빙하가 땅의 모양을 바꿀 수 있다는 것
실수정정	종착 퇴석과 측면 퇴석의 구분이 어려울 때 빙하도 움직인다는 사실을 인식하지 못할 때

변형 확대 및 응용	얼음이 녹으면서 어떤 변화가 생기는지 알아보기	지도상의 유의점
		물이 얼면 얼음이 되고, 그것의 부피가 커짐을 알게 한다.
		관찰 (아동평가)
		빙하에 의해 땅의 모양이 달라짐을 이해하는가?

활동(25)

주 제	물의 순환	대상연령	9~12세

교 구	기능지리 58, 59, 60

목 적	직 접	물의 순환을 안다.
	간 접	물과 공기의 작용을 안다.

선행학습	기능 지리 챠트 53, 54, 55, 56, 57

언 어	물의 순환

교 구 제 시	

활동과정 (상호작용)	제시 : 〈 물의 순환 알아보기 〉
	• 챠트 58) 물의 순환
	  - 6 ~ 9세 아동에게도 적용이 가능한 chart
	
	• 챠트 59)
	  - 물은 놀고 있는 어린아이와 같다.
	  - 달리기도 하고 올라가기도 하고, 때로는 미끄럼을 타고 내려오기도 한다.
	    (여러 다른 형태의 물 - 빗물, 눈)
	  - 이것은 물의 순환과 같다.
	  - 물분자는 동굴 속에 숨으려고 한다.
	  - 땅 속에 있는 아이가 물을 상징한다.
	  - 그러나 물분자는 없어지지 않는다.
	  - 태초이래 이 땅에는 똑같은 양의 물을 사용하고 있다.
	  - 우리가 마시는 물도 순환을 하는 것과 같다.
	  - 현재 마시고 있는 물이 공룡이나 시저가 마셨던 물인지도 모른다.
	
	• 챠트 60)
	여러 다른 생물군계
	  - 식물을 재배하는 토양
	    1. 사막(yellow)
	    2. 활엽수림(brown)
	    3. 사바나(light green) - Ling King(cartoon)
	    4. 상록 침엽수림(white)
	    5. 열대 우림(dark green)		

흥 미 점	물의 순환을 이야기 자료로 꾸미는 것.		
실수정정	물의 순환에 대한 정보가 적을 때		
변형 확대 및 응 용	서로 다른 여러 생물군계를 백지도에 나타내보기 물의 순환을 연극으로 꾸며보기.	지도상의 유의점
		지금까지 배운 기능지리 챠트에 대한 종합 분석력이 필요함을 인지시킨다.
		관 찰 (아 동 평 가)
		물의 순환을 이해하는가?

활동(26)

주 제	땅가 물의 형태 (화산)	대상연령	6~12세

교 구	하드보드지, 플라스틱 병(1.5ℓ), 작은 종이컵, 신문지, 스카치테이프, 은박지, 이름표, 물감, 붓, 가위, 칼, 암모니움아이크로마이트, 요구르트병, 지점토

목 적	직 접	화산에 관심을 가지고 화산분출의 이치를 이해한다.
	간 접	지구의 냉각화, 지각의 변동에 관심을 갖는다..

선행학습	땅과 물, 행성

언 어	화산분출, 그 외 교구명칭

교구 제시	(땅속, 화산재, 분화구, 온천, 해구, 해령, 지하수, 오래된 지층, 마그마 그림)

	준비과정 및 만들기	
활동과정 (상호작용)	1단계 ~ 4단계 : "산" 만들기와 동일	
	5단계	· 플라스틱병의 윗부분(꼭지부분)을 칼로 오려낸다.
	6단계	· 잘라 낸 구멍속에 신문지 끝을 집어넣고 주름잡아 산처럼 모양을 만든다. · 은박지로 작은 종이컵을 싼 후 병의 오려낸 부분에 끼운다. · 화산의 모양처럼 형태를 잘 잡아 테이프로 감아준다.
	7단계	· 병을 화산의 모양이 흐트러지지 않게 빼내고 원판에 화산을 테이프로 고정시킨다.
	8단계	· 석고가루와 뜨거운 물을 준비한다.(석고4컵:물2컵)
	9단계	· 석고를 개어 은박지로 싼 컵에 석고가 들어가지 않게 주의하며 한 번만 붓는다.
	10단계	· 석고를 개어 신문이 보이지 않게 모양을 잡아가며 완전히 붓는다. (3번 정도) · 부분적으로 갈색을 칠한다.
	11단계	· 전체를 갈색으로 칠한 후 부분적으로 화산처럼 색을 칠한다.
	요구르트병 윗부분 2/3를 잘라내고 아래 1/3부분 사용 지점토로 산모양 만들기 겉부분 마그마와 비슷한 색으로 칠하기 〈마그마 분출현상〉 -트리오, 식초, 붉은색 물감, 소다를 혼합한다	
흥미점	각 실험상의 경험	
실수정정	실험시약을 제대로 활용하지 못할 때	
변형 확대 및 응용	인터넷이나 백과사전에서 각 실험과 관련된 내용들을 요약하여 제시한다.	지도상의 유의점 실험직전에 유의할 것을 인식시킨다 관 찰 (아 동 평 가) 화산 분출의 이치를 이해했는가?

<참고문헌>

- 교육부, 「제7차 초·중등학교 교육과정」, (1998).
- 교육부, 「초등학교 교육과정 해설 (Ⅰ권 ~ Ⅴ권), (1997).
- 권명자, 「몬테소리 철학」, 연수교재 (1999).
- 권명자, 「도움통신문」, (유 초등학교 연계지도 자료), 보육사, (1994).
- 김은산, 「외국의 열린교육」, 방송통신대교원연수집 (1997).
- A.M.S 몬테소리 교육수강 내용.(미국 신시에티 주 XAVIER 대학)
- 민병수, 「새국어사전」, 박영사(1997).
- 서봉연, 「발달의 이론」, 서울중앙적성출판사(1985).
- 서석남, 「몬테소리 생명교육」, 동문사(1998).
- 서울잠일초등학교, 「몬테소리교육방법을 적용한 개별화 교수·학습 능력의 활성화 방안」, (2000).
- 서울초등몬테소리연구회, 「서울초등몬테소리교육 하계자율연수」, (2001).
- 서울특별시교원연수원, 「초등열린교육지도교사 일반연수(Ⅳ)」(1998).
- 서울특별시교육청, 「열린교육을 위한 학습방법의 이론과 실제」 승림문화사 (1997).
- 서울특별시교육청, 「열린교육개별화교육 연수」, (1997).
- 이정순역, 혼자할 수 있도록 도와주세요, 아이의 발견 (M.몬테소리지움)」, 청목(1996).
- 임갑빈, 「신인간관계론」, 동문사(1993.)
- 조성자, 「마리아 몬테소리의 우주교육」, 중앙적성출판사(1998).
- 하영철, 「교육학」, 형설출판사(1993).
- 한국몬테소리교육학회, 「몬테소리교육연구 제3집」, (1998).
- 송미령·한종혜, 「몬테소리 교육 (1권 ~ 12권.), 프뢰벨 사(1995).
- 서울시교육청 서울초등교육의 도약(2002).
- 변영계 수업분석의 실제 세원문화사

몬테소리 지도안 지 리

발행일 : 2003년 5월 20일
발행처 : 도서출판 **몬테소리**
발행인 : 박 해 동
편　저 : 권 명 자
전화 : 02-872-4381
fax : 02-872-4383

E-mail : nexit21@empal.com
값 9,000원

잘못된 책은 교환해 드리며 복제를 금합니다.